Geschichte und Erinnerungskultur

Walther L. Bernecker

Geschichte und Erinnerungskultur

Spaniens anhaltender Deutungskampf um Vergangenheit und Gegenwart

Verlag Graswurzelrevolution

Abbildung Titelseite: Monumentale Gedenkstätte Valle de los Caídos (Tal der Gefallenen), seit Oktober 2022 offiziell Valle de Cuelgamuros. Errichtet ab 1940 von Zwangsarbeitern, gilt der Ort als das größte bekannte Massengrab aus der Zeit des Spanischen Bürgerkriegs und der franquistischen Diktatur. Bis 2019 befand sich hier die Grabstätte des Diktators Francisco Franco.

Bibliografische Information der Deutschen Bibliothek
Die Deutsche Bibliothek verzeichnet diese Publikation in der Deutschen Nationalbibliografie; detaillierte bibliografische Daten sind im Internet über http://dnb.ddb.de abrufbar.

Sitz: Heidelberg
Guido-Schmitt-Weg 4 · 69126 Heidelberg
Fax: 0421/620456-9 · E-Mail: buchverlag@graswurzel.net
www.graswurzel.net
ISBN 978-3-939045-51-9

Redaktionelle Anmerkung:
Eine geschlechtsneutrale Schreibweise in einem Wort (ZuschauerInnen oder Zuschauer*innen oder Zuschauer_innen) wird in diesem Buch aus stilistischen Gründen nicht verwendet. Stattdessen wird ausgeschrieben (Zuschauerinnen und Zuschauer), wenn nicht Gründe der guten Lesbarkeit dagegensprechen. In den Fällen, in denen ein personenbezogenes Substantiv nur ein grammatikalisches Geschlecht umfasst, sind semantisch alle Geschlechter gemeint, sofern der Kontext nicht das Gegenteil nahelegt (zum Beispiel die griechische Polis).

Umschlaggestaltung und Textlayout: Bernd Degener, Bremen
Druck und Bindung: BELTZ Bad Langensalza GmbH, Bad Langensalza

Inhalt

Spaniens anhaltender Deutungskampf um Vergangenheit und Gegenwart

★ Die Aufarbeitung von Kriegs- und Diktaturverbrechen kann sehr unterschiedlich erfolgen; sie ist aber in praktisch keinem der von dieser Problematik betroffenen Länder einfach. Der Wunsch, dass die in einem Krieg oder einer Diktatur verübten Untaten geahndet und Täter zur Rechenschaft gezogen werden, ist in den meisten Gesellschaften ein weitverbreitetes Verlangen. Allerdings ist der auf die Diktatur folgende Rechtsstaat zumeist nicht in der Lage, die hohen gesellschaftlichen Erwartungen von Gerechtigkeit zu erfüllen, da er sich an einen selbstauferlegten Normen- und Regelkatalog halten muss, der ihm Grenzen setzt (vgl. Ganzenmüller 2017, S. 11–21).

Postdiktatorische Transformationsgesellschaften sind mit der Frage der (straf-)rechtlichen Ahndung von Verbrechen ganz unterschiedlich umgegangen. Natürlich steht dem Rechtsstaat bei der Ahndung von Diktaturverbrechen das Strafrecht als Instrument zur Verfügung. Zugleich aber stellen sich den Gerichten zahlreiche strukturelle Hindernisse in den Weg: Mit Hilfe des Strafrechts lässt sich nur individuelle Schuld feststellen, was im

Fall von Diktaturverbrechen häufig sehr schwierig ist – man denke nur an die schwierige Beweisführung bei ungenügender Aktenlage, an die Gefahr der Verjährung, an die nur bruchstückhafte Rekonstruierbarkeit einzelner Verbrechen, an die Elitenkontinuität gerade im Justizapparat, an das Rückwirkungsverbot etc.

Staaten und Gesellschaften, die ein autoritäres oder diktatorisches Regime überwunden haben, sehen sich der großen Herausforderung gegenüber, den Übergang von Gewalt- und Willkürherrschaft zu rechtsstaatlicher Demokratie so zu organisieren, dass anhaltende und fortwirkende Folgen von schwerstem Unrecht überwunden werden können. Deren Opfer fordern mit Recht Aufklärung der begangenen Verbrechen seitens der Regierung und Behörden, die strafrechtliche Verurteilung der dafür Verantwortlichen, materielle und immaterielle Entschädigung und Garantien dafür, dass es keinen Rückfall in die Barbarei geben könne. Dieser Opferperspektive steht häufig eine gesamtgesellschaftliche Perspektive gegenüber, die eher auf Befriedung und Versöhnung zielt und dabei durchaus in Konflikt mit den berechtigten Anliegen der Opfer geraten kann (vgl. Hoeres/Knabe 2023).

Um mögliche Unvereinbarkeiten von Recht und Gerechtigkeit zu überwinden, bietet sich ein alternatives Verständnis von Gerechtigkeit an, das nicht auf Bestrafung abhebt, sondern auf eine Wiederherstellung des sozialen Friedens in der postdiktatorischen Gesellschaft. Diesen Ansatz verfolgen zumeist Wahrheitskommissionen, die zum Beispiel in Afrika und Lateinamerika als Instrumente der *transitional justice* eingesetzt worden sind. In anderen Fällen kam es zu umfassenden Amnestien, die vorübergehend einen scheinbaren Ausgleich schaffen, in den meisten Fällen aber von einem Großteil der Bevölkerung als ungerecht empfunden werden, da sie zu weitverbreiteter Straflosigkeit führen; außerdem können sie den Prozess der Demokratisierung diskreditieren (zur *Transitional Justice* im Rahmen der spanischen Erinnerungspolitik vgl. Tamarit Sumalla 2013).

Der gesamte Komplex der Diktaturaufarbeitung hängt wesentlich von den gesellschaftlichen Erwartungen ab, die an

Politik und Justiz nach dem Ende der Diktatur gerichtet werden. Diese Erwartungen wiederum fallen ganz unterschiedlich aus, je nachdem, ob der demokratische Neubeginn die Folge eines radikalen Bruchs mit der vorhergegangenen Diktatur oder eines mit den Eliten des alten Regimes ausgehandelten Kompromissübergangs ist, der in vielen Bereichen (Justiz, Militär, Verwaltung, Bildungswesen) zahlreiche Kontinuitäten aufweist.

In den vergangenen Jahrzehnten sind in Europa, Afrika und Lateinamerika verschiedene Instrumente der Vergangenheitsaufarbeitung (mit unterschiedlichen Ergebnissen) angewandt worden. Dabei lässt sich in einigen Fällen eine bestimmte Abfolge feststellen, die im Einzelfall allerdings kontextabhängige Varianten aufweist: Dem (freiwilligen oder erzwungenen) Macht- und Elitenwechsel folgte die Freilassung politischer Gefangener durch Amnestien, die mitunter allerdings zugleich die Täter erfassten. Nach der soziopolitischen Konsolidierung des neuen demokratischen Systems wurden (eventuell durch engagierte Menschenrechtsgruppen) Wahrheitskommissionen eingesetzt oder Gerichte zur strafrechtlichen Ahndung von Verbrechen tätig. In dieser Phase wurden auch erste (materielle oder symbolische) Entschädigungen geleistet und eine spezifische Erinnerungspolitik – etwa in Form von Gedenkfeiern, Ehrungen für die Opfer, einer staatlichen Erinnerungskultur oder der Einrichtung von Erinnerungsorten – etabliert. Vor allem letztere wurden als eminent wichtig erachtet, da Rehabilitation und Anerkennung des erlittenen Unrechts sowie die Pflege der Erinnerung an die Verbrechen der Diktatur für eine gesamtgesellschaftliche Versöhnung von großer Bedeutung sind.

Die strafrechtliche Verfolgung zumindest der gröbsten Kapitalverbrechen ist als vertrauensbildende Maßnahme in das neue demokratische Gemeinwesen von grundlegender Bedeutung. In vielen Fällen gerät diese Forderung jedoch in Konflikt mit bestehenden Gesetzen, etwa dem Rückwirkungsverbot, das nach (zumeist sehr kontroversen) Debatten eingeschränkt werden muss. Das neue System muss bestrebt sein, dem Eindruck vorzubeugen, es unterstütze um der politischen Stabilität willen ein System der Straflosigkeit. Greift dieser Eindruck nämlich um sich, dann verliert die neue Demokratie schnell an Legitimität und verhindert die angestrebte gesellschaftliche Aussöhnung.

Spanien ist in mehrerlei Hinsicht ein besonderer Fall. Ganz offensichtlich ist das Ziel der Vergangenheitsaufarbeitung – eine Befriedung der Gesellschaft herbeizuführen – nicht gelungen, denn zum Zeitpunkt des Erscheinens dieses Bändchens ist die politisch-ideologische Auseinandersetzung um die Kriegs- und Diktaturaufarbeitung noch in vollem Gange, spaltet die Gesellschaft und gibt Anlass zur pessimistischen Vermutung,

Die Aufarbeitung der Franco-Verbrechen hat zwar erst spät begonnen, entwickelte sich dann aber umso schneller und tiefgreifender und ist noch lange nicht beendet.

dass die tiefen Deutungsdifferenzen bezüglich der Vergangenheit noch lange andauern und die spanische Gesellschaft weiterhin spalten werden. Was die strafrechtliche Ahndung schwerer Menschenrechtsverletzungen und die Durchführung von Gerichtsverfahren gegen administrativ oder politisch Verantwortliche für Diktatur und Repression betrifft, muss einleitend gleich darauf hingewiesen werden, dass es eine strafrechtliche Aufarbeitung der franquistischen Verbrechen im Bürgerkrieg und während der Diktatur nicht gegeben hat. Das bedeutet aber nicht, dass es keinerlei Auseinandersetzung mit der franquistischen Gewaltvergangenheit gegeben hat. Ganz im Gegenteil: Die Aufarbeitung der Franco-Verbrechen hat zwar erst spät begonnen, griff dann aber umso schneller und tiefgreifender um sich und ist noch lange nicht beendet.

Eine systematische Erinnerungspolitik, die sich auf die Opfer von Bürgerkrieg und repressiver Diktatur konzentrierte, setzte in Spanien erst sehr spät ein. Erinnerungspolitik als solche gab es im Land aber schon sehr früh, praktisch seit dem Bürgerkrieg; sie bezog sich aber ausschließlich auf die »für Gott und Spanien Gefallenen« *(Caídos por Dios y por España)* und diente dem Mythos einer »nationalen Gemeinschaft« des angeblich »wahren Spanien«. Die Erinnerung an das republikanische Spanien und an die zur Verteidigung der Demokratie Gefallenen wurde bewusst verdrängt, ja: unterlag der *damnatio historiae*. Die in Monumenten, Gedenktagen, religiös-politischen Feierlichkeiten und Denkmälern zum Ausdruck kommende, vom franquistischen Regime betriebene Erinnerungspolitik war exkludierend, sie bezog sich ausschließlich auf die Gefallenen des »nationalen« Lagers, das heißt der putschistischen Seite. Die offiziell massiv praktizierte Gedächtnispolitik diente nur den ideologischen Zielen der franquistischen Diktatur (zur Erinnerungskultur des Franquismus vgl. Arco Blanco 2022). Diese bis 1975 betriebene Erinnerungspolitik findet im Folgenden nur marginal Berücksichtigung; der Schwerpunkt der Betrachtung liegt auf der nach Francos Tod betriebenen Vergangenheitsaufarbeitung.

Vergangenheitsaufarbeitung in der Transition

★ Um die Wende vom 20. zum 21. Jahrhundert sah sich Spanien mit einer sensationellen Bewegung konfrontiert. In den Regierungsjahren des konservativen Ministerpräsidenten José María Aznar (1996–2004) kam es nämlich zum ersten Mal seit Francos Tod (1975) in breiten Bevölkerungskreisen zu einer ernsthaften und weitverbreiteten Reflexion und Diskussion über den Bürgerkrieg, das franquistische Unrechtsregime und den Übergang von der Diktatur zur Demokratie – mit all seinen Licht- und Schattenseiten. Es setzte eine Art Vergangenheitsaufarbeitung ein, die im Spanischen *memoria histórica* genannt wird. Bis dahin war in der Historiographie und im politischen Diskurs die Transition zumeist als großer Erfolg dargestellt worden. Für die neue spanische Demokratie war nämlich die Transition der Gründungsmythos schlechthin, der neuer Symbole bedurfte: des Bildes der nationalen Versöhnung, der volkstümlichen Monarchie, der Verfassung für alle politischen Lager, des friedlichen Zusammenlebens nach jahrhundertelanger Konfrontation (zum Gesamtzusammenhang vgl. Pasamar 2014).

Da diese Bilder der Legitimierung der neuen demokratischen Staats- und Regierungsform dienten, war die Zeitgeschichtsschreibung zum Übergang vom autoritären System des Franquismus in die parlamentarische Demokratie überwiegend wohlwollend. Der implizite Gesellschaftspakt, der die Transition ermöglichte und der sich auch in der Historiographie jener Jahre niederschlug, lautete: Alle Spanierinnen und Spanier hätten den Bürgerkrieg verloren, und nun sei es an der Zeit, nicht die Verbrechen der Vergangenheit gegeneinander aufzurechnen, sondern sich gegenseitig zu vergeben und versöhnt die Zukunft aufzubauen. Dieser insgesamt positiv besetzte, weitgehend dominierende historiographische Diskurs war nur vereinzelt von kritischen Stimmen gebrochen worden, die auch nach dem »Preis« der Transition fragten (Morán 1992). Ein zentraler Aspekt der Argumentation der frühen linken Kritiker war der Verweis auf das Verdrängen der »historischen Erinnerung«. Der hochgelobte gesellschaftliche »Konsens« der Übergangszeit sei mit einem Verschweigen der Vergangenheit *(amnesia colectiva)*, einer Tabuisierung der franquistischen Verbrechen, erkauft worden. In der Tat war es in Spanien weder zu einer juristischen Aufarbeitung der Diktatur noch zu einer breiten gesellschaftlichen oder politischen Diskussion über Verantwortlichkeiten in der Diktatur gekommen (Cabrera 2014). Von der politisch-soziologischen Rechten wiederum wurde kritisch angemerkt (und in politisch-ideologischen Debatten bis heute behauptet), dass es nach 1975 um die vollständige Eliminierung des Franquismus aus dem historischen Gedächtnis gegangen sei. Nicht akzeptiert wurde von den nostalgischen Franquisten, worum es den Reformerinnen und Reformern nach 1975 tatsächlich ging: um einen demokratischen Gegenentwurf zum Franquismus (was die politischen und medialen Debatten jener Zeit zur Genüge illustrieren). Das implizite und explizite Übereinkommen, das in der Verfassung von 1978 seinen Niederschlag fand, war der Bezug auf die republikanischen Wertvorstellungen der 1930er-Jahre (nicht die Praxis der Zweiten Republik!): Demokratie, soziale Gerechtigkeit, Glaubens- und Meinungsfreiheit, Gewaltenteilung, territoriale und kulturelle Diversität –

jene Werte, die von der großen Mehrheit der spanischen Bevölkerung nach 1975 wieder erkämpft und hochgehalten wurden.

Die Demokratisierung und der soziopolitische Frieden nach 1975 hatten ihren politischen und moralischen Preis. An vielen Orten überlebte (bis heute) das franquistische Symbolsystem, was die Spanierinnen und Spanier sehr viele Jahre lang daran erinnerte (und erinnert), dass die politische Reform aus einem Pakt hervorgegangen war, der innerhalb der autoritären Institutionen ausgearbeitet worden war und schließlich zum Übergang in die Demokratie führte. Diesem Übergangscharakter entsprechend gingen die Streitkräfte, der juristische Apparat, die Bürokratie sowie alle anderen staatlichen Instanzen ohne jegliche Art von Säuberung von der Diktatur in den Postfranquismus über (Aguilar Fernández 2001).

Die Tatsache, dass es keinen klaren demokratischen Bruch mit der franquistischen Diktatur gab, hat einen Schatten auf jene Bereiche der Vergangenheit geworfen, die in der neueren Historiographie »Orte der Erinnerung« genannt werden. Die Transition stellte eine Art Ehrenabkommen dar, durch das die Kompensation der Franquisten für die Übergabe der Macht in der Praktizierung einer kollektiven (politischen) Amnesie erfolgte. Beschränkte sich das offizielle Vergessen und Verdrängen zuerst auf den Bürgerkrieg, so wurde es später auf die Repression im Franquismus ausgedehnt. Wegen des konsensualen Reformcharakters der Transition mussten nach 1975 ein Bruch mit der diktatorischen Vergangenheit und eine klare Distanzierung von der franquistischen Propaganda ausbleiben; daher bestanden auch franquistische Mythen vorerst weiter. Übereinstimmung wurde schnell hinsichtlich der aus der Bürgerkriegserfahrung zu ziehenden Lehren erzielt: Der Krieg wurde als kollektive Tragödie dargestellt, die sich nie wiederholen dürfe. Aus dieser Deutung ergab sich die zwingende Notwendigkeit einer Versöhnung der seit dem Bürgerkrieg gespaltenen spanischen Gesellschaft; diese Versöhnung bedeutete zugleich die »Aufarbeitung« des Kriegs und ermöglichte die weitgehend friedliche Demokratisierung.

Wegen der jahrzehntelang dominierenden franquistischen Propaganda wurde nach 1975 erwartet, dass im demokratischen Spanien (insbesondere an den Jahrestagen des Bürgerkriegs) verstärkte Aktivitäten stattfinden würden, um dem Informations- und Aufklärungsbedürfnis der Bürgerinnen und Bürger nachzukommen. Die Jahrestage 1976/1979 fielen allerdings in die politisch aufgewühlte Transitionsphase; sowohl die Politiker als auch die Zivilgesellschaft mussten all ihre Energien auf die Bewältigung des Übergangs von der Diktatur in die Demokratie konzentrieren. Als diese Gratwanderung erfolgreich abgeschlossen war und seit 1982 die *Sozialistische Partei* (PSOE) unangefochten regierte, bot der Jahrestag 1986 zum ersten Mal im redemokratisierten Spanien die Gelegenheit, ohne staatlich verordnete ideologische Vorgaben des Bürgerkriegsbeginns 50 Jahre zuvor zu gedenken.

Allerdings ließ sich das »offizielle« Spanien so gut wie nicht vernehmen (Belege zu folgenden Zitaten bei Bernecker 2020). Die einzige Verlautbarung aus dem »Moncloa-Palast«, dem Regierungssitz, besagte, der Bürgerkrieg sei »kein Ereignis, dessen man gedenken sollte, auch wenn er für die, die ihn erlebten und erlitten, eine entscheidende Phase in ihrem Leben darstellte«. Inzwischen sei der Krieg jedoch »endgültig Geschichte, Teil der Erinnerung und der kollektiven Erfahrung der Spanier«; er sei »nicht mehr lebendig und präsent in der Realität eines Landes, dessen moralisches Gewissen letztlich auf den Prinzipien der Freiheit und der Toleranz basiert«.

Der Wunsch nach Aussöhnung und die Angst davor, altneue, nicht verheilte Wunden wieder aufzureißen, mögen die damals regierenden Sozialisten mitbewogen haben, den Jahrestag 1986 offiziell nicht zur Kenntnis zu nehmen, ja, zu verdrängen und außerdem politisches Verständnis für die ehemals »andere« Seite zu zeigen. Weiter hieß es nämlich in der Moncloa-Erklärung, die Regierung wolle »die Erinnerung an all jene ehren und hochhalten, die jederzeit mit ihrer Anstrengung – und viele mit ihrem Leben – zur Verteidigung der Freiheit und der Demokratie in Spanien beigetragen haben«; zugleich gedenke sie »respektvoll jener, die – von anderen Positionen aus als denen des demokratischen Spanien – für eine andere Gesellschaft kämpften, für die viele auch ihr Leben opferten«. Die Regierung hoffe, dass »aus keinem Grund und keinem Anlass das Gespenst des Krieges und des Hasses jemals wieder unser Land heimsuche, unser Bewusst-

In den auf Francos Tod folgenden zwei Jahrzehnten legten die politischen Eliten (gleich welcher Couleur) in der Frage der Vergangenheitsaufarbeitung eine auffällige Zurückhaltung an den Tag.

sein verdunkle und unsere Freiheit zerstöre. Deshalb äußert die Regierung auch ihren Wunsch, dass der 50. Jahrestag des Bürgerkriegs endgültig die Wiederversöhnung der Spanier besiegle.« Die bis 1996 regierenden Sozialisten griffen mit solchen Interpretationen auf die Erblast der Angst zurück, um ihre politische Vorsicht abzusichern, um keine radikalen Änderungen vorzunehmen, die damals möglicherweise die Stabilität des Systems hätten gefährden können.

In den auf Francos Tod folgenden zwei Jahrzehnten legten die politischen Eliten (gleich welcher Couleur) in der Frage der Vergangenheitsaufarbeitung eine auffällige Zurückhaltung an den Tag. Bis Ende des 20. Jahrhunderts war die Amnestie, die zu Beginn der Transition (1977) verkündet worden war, mit einer politischen Amnesie verbunden, die eine umfassende gesellschaftliche Aufarbeitung der Vergangenheit erschwerte. Kritiker sehen darin eines der größten Defizite der Transition. So berechtigt die Kritik am Amnestiegesetz vom 15. Oktober 1977 auch sein mag, muss andererseits darauf hingewiesen werden, dass es sich um die erste vergangenheitspolitische Maßnahme des kurz zuvor erstmals demokratisch gewählten Parlaments handelte; das Amnestiegesetz wurde parteiübergreifend mit großer Mehrheit im Parlament verabschiedet. In der politischen Praxis hatte es den Verzicht auf die Ermittlung der politisch-ideologisch bedingten Straftaten im Franquismus zur Folge. Nach Verabschiedung des Gesetzes lehnte zum Beispiel die Militärgerichtskammer des Obersten Gerichtshofes – unter Berufung auf das Gesetz – alle Anträge von Familienangehörigen auf Überprüfung von Urteilen gegen Opfer der franquistischen Repression ab. Jahrzehntelang entzog sich in der Folge die spanische Justiz unter Verweis auf das Amnestiegesetz der gerichtlichen Aufarbeitung der im Franquismus verübten Staatsverbrechen. Somit ergab sich aus den Amnestiegesetzen der Transition quasi von selbst das offizielle Nichterinnern an Bürgerkriegs- und Diktaturverbrechen, die Straflosigkeit begangener Menschenrechtsverletzungen wurde zu einer integralen Voraussetzung des Übergangs zur Demokratie.

Als weiteren Indikator für die Imperfektion der Transition lässt sich die Behandlung der Familienangehörigen der auf republikanischer Seite im Bürgerkrieg (und danach) »Verschwundenen« anführen. Während nämlich die franquistische Seite sofort nach dem Bürgerkrieg ihre Toten identifizieren und ehrenhaft bestatten konnte (vgl. Ledesma/Rodrigo 2006), ist dies mit den Republikanern bis heute nicht geschehen. Schätzungen zufolge warten über 100.000 Republikaner darauf, aus anonymen Massengräbern in die Obhut der Familienangehörigen überführt zu werden. Erst im Jahr 2002, nachdem die Menschenrechtskommission der Vereinten Nationen eingeschaltet worden war, kam Bewegung in diese Frage; erste Leichen wurden exhumiert und umgebettet. Und erst Ende 2002 verabschiedete das spanische Parlament eine Resolution, die die Regierung aufforderte, die Suchaktionen auch finanziell zu unterstützen und die politischen Opfer des Franquismus als solche anzuerkennen. Die damals regierende konservative Volkspartei konnte allerdings verhindern, dass der Putsch von 1936 ausdrücklich verurteilt wurde.

Dass die von vielen Aktivistinnen und Aktivisten heftig kritisierten Amnestiegesetze von 1977 – die übrigens von der damaligen Linken und von oppositionellen Gruppierungen gefordert worden waren (keineswegs von der Rechten) – durchaus auch positive Auswirkungen zeitigten, belegt ein Blick auf die

Zahlen politischer Gefangener in franquistischen Gefängnissen: Sofort nach Erlass der Gesetze wurden 86 politische Gefangene (überwiegend der Linken und der baskisch-separatistischen Terrororganisation ETA) begnadigt und in die Freiheit entlassen. Seit dem Beginn der Regentschaft von König Juan Carlos hatte es zuvor schon mehrere Teilamnestien gegeben, die zur Freilassung von über 700 politischen Gefangenen geführt hatten. 1977 gab es sodann (nach Inkrafttreten des Amnestiegesetzes) keine politischen Gefangenen mehr.

Im Laufe der folgenden Jahrzehnte kamen (bis Ende Oktober 2021) aufgrund verschiedener Gesetze über 700.000 Personen, die von den franquistischen Bürgerkriegssiegern erschossen oder gefoltert und gefangen gesetzt worden waren, in den Genuss moralischer und juristischer Rehabilitierung. Bis Ende 2020 hatte der spanische Staat über 21,7 Milliarden Euro an Wiedergutmachung, Pensionserstattungen an Repressionsopfer etc. ausbezahlt. Bis heute stehen im spanischen Haushalt jährlich über 100 Millionen Euro für Wiedergutmachungszahlungen zur Verfügung – eine Summe, die Jahr für Jahr wegen der abnehmenden Zahl von Empfangsberechtigten geringer wird. Diese finanziellen Entschädigungen sind zweifellos eine politisch-ethische Wiedergutmachung, die zugleich eine nachträgliche Legitimierung des Kampfes auf republikanischer Seite bedeutet (vgl. Pérez Garzón 2021).

Trotzdem gilt: Es scheint klar zu sein, dass die vielfach zurecht beklagten Phänomene fehlender Auseinandersetzung mit der Vergangenheit auf den Kompromisscharakter der Transition zurückzuführen waren. Nach 1975 kam es formal zu keinem Bruch; daher konnte der Antifranquismus auch nicht zum Gründungsmythos der neuen spanischen Demokratie werden. Es musste fast ein Vierteljahrhundert vergehen, bis jener gesellschaftliche »Konsens« der Übergangszeit, der einer Tabuisierung der franquistischen Verbrechen gleichgekommen war, aufgebrochen wurde. Angesichts der ablehnenden Haltung der konservativen Regierung von José María Aznar schritt im Herbst 2000 eine von Emilio Silva angestoßene Bürgerinitiative selbst zur Tat und führte die Exhumierung der Leichname von 13 »Verschwundenen« des Bürgerkriegs durch. Das große öffentliche Echo auf diese Exhumierungen hatte die Gründung der »Vereinigung zur Rückgewinnung der historischen Erinnerung« *(Asociación para la Recuperación de la Memoria Histórica, ARMH)* sowie einiger ähnlicher Plattformen mit Internetpräsenz zur Folge. Seither kämpft der Verein um die landesweite Aufklärung von politischen Morden und Massenhinrichtungen, die die Putschisten während des Bürgerkrieges und danach an den Anhängerinnen und Anhängern der Republik verübt haben. Angesichts der großen Zahl nicht identifizierter Toter fehlen dem Verein jedoch die für die Exhumierungen erforderlichen Mittel. Außerdem weigert sich die ARMH, staatliche Mittel in Anspruch zu nehmen, mit dem Argument, dass es Aufgabe des Staates (und nicht privater Initiativen) sei, solche Exhumierungen vorzunehmen (vgl. die Webseiten der Vereinigung: https://memoriahistorica.org.es/; weitere Internetadressen in Bernecker/Brinkmann 2011).

Die um die Jahrtausendwende entstandene Erinnerungsbewegung setzt sich vor allem für die Suche, die Identifizierung und die würdige Umbettung der (geschätzten 130.000) immer noch in Massengräbern anonym verscharrten »Verschwundenen« *(desaparecidos)* aus dem Bürgerkrieg und den besonders repressiven ersten Nachkriegsjahren ein. Die juristische Figur des *desaparecido* wurde aus der Praxis der argentinischen und chilenischen Militärdiktaturen der 1970er-Jahre übernommen. Durch Übertragung dieses Konzeptes in den spanischen Kontext wurde die spanische Erinnerungsarbeit in einen transnationalen Zusammenhang gestellt. Seither sind über 11.000 sterbliche Überreste von ermordeten Personen, die politisch bedingter Gewalt zum Opfer gefallen sind, in den verschiedenen Landesteilen Spaniens exhumiert worden, nahezu ständig begleitet von heftigen Polemiken und Anfeindungen durch die politische Rechte (zum juristischen Konzept des »Verschwindenlassens« vgl. Escudero/Pérez 2013).

Exhumierungsarbeiten im Frühjahr 2004 in Guaza de Campos (Palencia)
Foto: ARMH Palencia

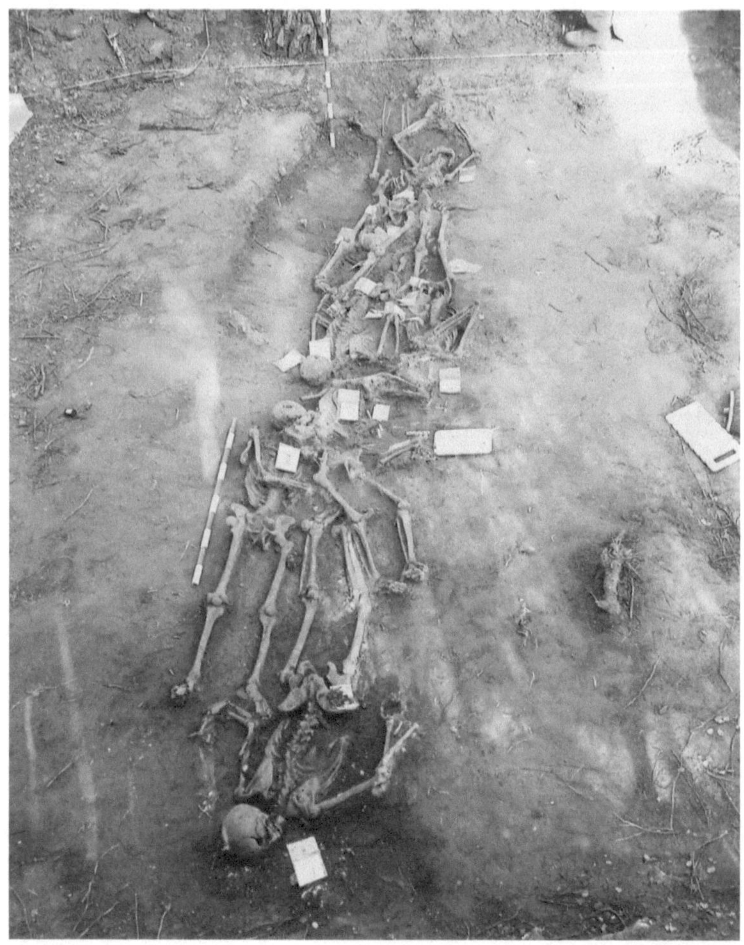

Bei Exhumierungsarbeiten in Guaza de Campos (Palencia) aufgefundene Leichname
Foto: ARMH Palencia

Historiographie und erste gesetzgeberische Schritte

★ Die verschiedenen Erinnerungskulturen haben in Spanien – sowohl historiographisch wie gesellschaftlich – sehr unterschiedliche Phasen durchlaufen, von denen sich zumindest drei klar voneinander differenzieren lassen. Die erste könnte man die Konfrontationsphase der Nachkriegszeit nennen. Mehr oder minder gezwungen äußerten sich nach 1939 Historiker und Vertreter der Zivilgesellschaft weitgehend positiv über den Franquismus, sie identifizierten sich größtenteils mit den Bürgerkriegssiegern und rechtfertigten deren (Erinnerungs-)Politik. Dieser für die unterlegenen Republikaner besonders schmerzhaften Phase folgte – seit den 1960er-Jahren – eine zuerst zaghafte, nach dem Tode Francos deutlich dominierende Phase des »Vergessens«, des »Verschweigens« oder (positiver formuliert) der »Versöhnung«, die – wie weiter oben ausgeführt – in ihrer proklamierten Äquidistanz zwischen Siegern und Besiegten für die Transitionsjahre prägend wurde und bis Ende des 20. Jahrhunderts anhielt. In dieser Phase wurde die Geschichte des Landes primär als eine Aufeinanderfolge von Bürgerkriegen gedeutet, deren grausamer Höhepunkt der von 1936 war. Viele Jahre lang ging es um Zahlen von Opfern, die gegeneinander aufgerechnet wurden, um Gewalt und Hass, um die Gegenüberstellung der »zwei Spanien«. Zugleich sollte aber die Wiedererringung der Demokratie die endgültige Aussöhnung zwischen den sich bekämpfenden Lagern herbeiführen; die Aufarbeitung der Vergangenheit sollte die Grundlage für den Aufbau einer friedlichen und versöhnten Zukunft bilden. Dieser schon aus dem Spätfranquismus kommende Diskurs durfte deswegen nicht allzu akkusatorisch sein, er sollte die Verantwortung für die gewalttätige Vergangenheit einigermaßen gleichmäßig – »alle waren schuld« – auf sämtliche Lager verteilen.

Erst allmählich wich man – nicht nur in der Geschichtsschreibung, sondern auch in Literatur und Kultur – von diesem Schema ab und ließ politische Rücksichtnahmen fallen. Seit der Jahrhundertwende kann man dann von einer Phase der Wiedergutmachung oder Reparationen für erlittene Ungerechtigkeiten und Willkürmaßnahmen seitens des franquistischen Staates sprechen. In dieser bis heute anhaltenden Phase hat sich der Erinnerungsdiskurs vom postfranquistischen Wiederversöhnungsparadigma gelöst und sich auf die Sichtweise der Opfer des Franquismus konzentriert (vgl. López Villaverde 2014).

Jede dieser drei Erinnerungskulturen hat ihre eigenen Mythen hervorgebracht. Die erste, profranquistische Phase betonte die »heroischen Leistungen« der Bürgerkriegssieger. Die Generation der Transitionsphase sprach von der »kollektiven Schuld« am Bürgerkrieg, und die vorläufig dritte wies in ihrem Erinnerungsdiskurs auf die heldenhaften Kämpfe für die (republikanische) Demokratie hin. Am meisten wurden die memorialistischen Diskurse von den ersten beiden Mythen geprägt: von der Glorifizierung des 18. Juli 1936 und dem auf ihn folgenden Bürgerkrieg sowie von der Hervorhebung der »kollektiven Schuld« und der geteilten Verantwortung beider Bürgerkriegslager für Gräuel und Ungerechtigkeiten. Die dritte, aktuell vorherrschende Erinnerungskultur führte zu den bis heute anhaltenden ideologischen Auseinandersetzungen um die »Wahrheit« der Geschichte. Als vorläufiges Ergebnis dieses heftig ausgetragenen Disputs – eines angeblichen Streites über die Vergangenheit, der jedoch von beiden Seiten im politischen Alltagsgeschäft und in Wahlkämpfen instrumentalisiert wird – stehen sich heute unversöhnliche Erinnerungen gegenüber, die man auf der einen Seite »historisches Gedächtnis«, auf der anderen Seite der ideologischen Barrikaden das »andere historische Gedächtnis« nennt und die in einem unerbittlichen Interpretationskampf gegeneinander eingesetzt werden.

Was den Zusammenhang von öffentlicher Aufarbeitung der franquistischen Repression und Bürgerkriegshistoriographie betrifft, verdient die These von Santos Juliá Aufmerksamkeit (vgl. Juliá 2002, 2006): Er bestritt, dass es in Spanien je einen »Pakt des Schweigens« gegeben habe; im öffentlichen Diskurs sei die Erinnerung vielmehr stets präsent gewesen. Erst die Erinnerung habe als stete Mahnung den entscheidenden Impuls für die Aushandlung der Amnestien in der Frühphase der Transition gegeben und jenes »heilsame« Vergessen ermöglicht, durch das der Bürgerkrieg als Argument des politischen Wettbewerbs gebannt werden konnte (zur neueren Debatte über das »Recht auf Vergessen« vgl. Rieff 2016). Juliá verwies auf die intellektuelle Vorgeschichte der Transition, in der sich die gemäßigten Kräfte innerhalb und außerhalb des Regimes schon lange vor dem Tod des Diktators angenähert und den späteren Versöhnungsdiskurs gewissermaßen mental vorbereitet hätten. Deutlichstes Anzeichen hierfür war die allmähliche Umdeutung des Bürgerkriegs, der im unmittelbaren Nachfranquismus – von ideologischer Last und gegenseitigen Schuldzuweisungen befreit – in erster Linie als ein kollektives Unglück betrachtet wurde, für das beide Seiten gleichermaßen Verantwortung trügen. Hinter den Erinnerungsansprüchen zu Beginn des 21. Jahrhunderts stand somit, folgt man Juliá, nicht die Ablehnung eines (ohnehin inexistenten) »Verschwiegenheitspakts«, sondern die Aufkündigung des Erinnerungskonsenses der Transition, der eine gleichmäßige Verteilung der Schuld implizierte.

Dass die gesellschaftliche Aufarbeitung der franquistischen Repressionsvergangenheit in den letzten beiden Jahrzehnten zu einem so unerwartet bedeutenden Thema in Spanien wurde, dass inzwischen schon zwei umfangreiche bibliographisch-lexikalische Nachschlagewerke dazu erschienen sind (Escudero Alday 2011; Vinyes 2018), hängt damit zusammen, dass der konservative *Partido Popular* (PP) unter Aznar und sodann Mariano Rajoy (ab 2011) sich von Anfang an in zeitgeschichtlichen und geschichtspolitischen Fragen als Sachwalter des franquistischen Erbes verhielt. Auf die Initiativen der Opposition, 60 Jahre nach Kriegsende (1999) das Andenken der Bürgerkriegsexilanten zu ehren, reagierte die damalige konservative Regierungspartei ablehnend und beharrte auch in der Folgezeit darauf, dass der Bürgerkrieg eine »überwundene Phase« spanischer Geschichte darstelle. In ihrer zweiten Amtszeit (2000–2004) lehnte die Regierung Aznar über 25 parlamentarische Initiativen ähnlicher Stoßrichtung ab. Zivilgesellschaftlich führte diese Regierungshaltung allerdings zu verstärkten, von den Oppositionsparteien zumeist unterstützten Aktivitäten.

Erst die im Frühjahr 2004 nach den islamistischen Terroranschlägen von Madrid überraschend ins Amt gekommene sozialistische Regierung von José Luis Rodríguez Zapatero (2004–2011) schlug eine neue Tonart an und beschloss die Einsetzung einer Kommission, die Vorschläge zur »moralischen und juristischen Rehabilitierung der Repressionsopfer« erarbeiten sollte. Bald war die Rede von einem »Wiedergutmachungsgesetz«. Dieses wiederholt angekündigte und immer wieder verschobene Gesetz, das umgangssprachlich »Gesetz zur historischen Erinnerung« *(Ley de Memoria Histórica)* genannt wird, wurde schließlich im Oktober 2007 nach hektischen Verhandlungen und zahlreichen Kompromissen verabschiedet. Es verurteilte explizit den Franquismus. Die Gerichtshöfe, die während des Bürgerkriegs Urteile aus politischen, ideologischen oder religiösen Gründen gefällt hatten, wurden als »illegitim« bezeichnet, ebenso die Gerichtsurteile während der Diktatur, die in diese Kategorien fielen. Die Normen, die im Franquismus unter Verletzung der Grundrechte verabschiedet worden waren, wurden für juristisch ungültig erklärt. Unmittelbare rechtliche oder wirtschaftliche Folgen hatte das Gesetz allerdings nicht, wenn auch die Illegitimität der Gerichtsurteile bei einer beantragten Revision oder Aufhebung derselben zu einem wichtigen Argument wurde. Der Staat verpflichtete sich, bei der Öffnung der Massengräber von Hingerichteten und der Exhumierung von Leichen zu helfen. Außerdem mussten von allen öffentlichen Gebäuden die Symbole, die das franquistische System verherrlichten, entfernt werden; dies galt auch für entsprechende Straßen- und Ortsbezeichnungen, von denen in den vorhergehenden Jahrzehnten einige (vor allem in sozialistisch regierten Kommunen) schon eine Namensänderung erfahren hatten. Die Frage der Namensänderungen führte in den Folgejahren immer wieder (bis heute) zu erheblichen Kontroversen auf allen politischen Ebenen, vor allem auf der lokalen.

Das Erinnerungsgesetz von 2007 konzentrierte sich auf die moralische Anerkennung und symbolische Entschädigung der franquistischen Opfer; strafrechtliche Konsequenzen waren nicht vorgesehen, weshalb die Erinnerungsorganisationen auch heftige Kritik am Gesetz übten und darauf verwiesen, dass es den international festgelegten Aufarbeitungsprinzipien von Wahrheit, Gerechtigkeit und Entschädigung nicht nachkomme (vgl. die umfassende Analyse des Gesetzes bei Escudero/Martín 2008).

Trotz aller von zivilgesellschaftlichen Organisationen geübten Kritik – vor allem an der mangelhaften Umsetzung des Gesetzes während der Regierungsperioden der Konservativen – muss betont werden, dass die *Ley de Memoria Histórica* von 2007 im Vergleich zu den in den vorhergehenden Jahrzehnten durchgeführten Maßnahmen geradezu einen Meilenstein im offiziellen Umgang mit der jüngeren Vergangenheit bedeutete. Überschattet wurden die positiven Effekte des Erinnerungsgesetzes allerdings von der Affäre um den prominenten Untersuchungsrichter am Nationalen Gerichtshof, Baltasar Garzón, der auf Antrag mehrerer Erinnerungsgruppen im Oktober 2008 ein strafrechtliches Untersuchungsverfahren eröffnete, um das Schicksal von rund 114.000 »verschwundenen« Repressionsopfern der Jahre 1936–1951 aufzuklären. Garzón argumentierte, dass die von den Opfern des Franquismus vorgetragenen Fälle nicht unter das Amnestiegesetz fielen, da dieses Gesetz nur »Taten mit politischen Absichten« amnestiert hatte, während er Verbrechen gegen die Menschlichkeit untersuche, die nicht verjährten. Die Fälle erzwungenen »Verschwindenlassens« und extralegaler Ermordungen seien als Verstöße gegen das Internationale Recht zu betrachten (Diario Público 2008). Damit verortete er die franquistischen Verbrechen in einem internationalen Rechtsrahmen, betrachtete sie im Kontext eines universalen Menschenrechtsdiskurses und stellte die in den spanischen Amnestiegesetzen festgeschriebene Straflosigkeit erstmalig in Frage. Sehr schnell kam es zu erheblichen juristischen Scharmützeln zwischen Garzón und verschiedenen Gerichten, die ihm schließlich die Zuständigkeit für derartige Fälle absprachen und ihn vom Dienst (wegen vermeintlicher Rechtsbeugung und Amtsmissbrauchs) suspendierten. Hunderttausende demonstrierten sodann gegen diesen Justizskandal und für Garzón, ohne allerdings dessen Wiedereinsetzung bewirken zu können. Die Affäre zeigte deutlich die tiefe Zerrissenheit der spanischen Gesellschaft in Sachen Vergangenheitsaufarbeitung. Bemerkenswert ist auch das Paradoxon, dass es in Spanien zwar zur transnationalen Verfolgung schwerer Menschenrechtsverbrechen im Fall des chilenischen Diktators Augusto Pinochet kommen konnte, die argentinischen Gerichtsurteile zu Menschenrechtsverbrechen, die im Spanischen Bürgerkrieg verübt worden sind, aber nicht anerkannt wurden (vgl. grundlegend die verschiedenen Beiträge in Mihr et al. 2018).

Die Entlassung des Richters Garzón aus dem Justizdienst konnte jedoch nicht verhindern, dass fortan in Spanien immer häufiger auf die »Transnationalisierung und Judizialisierung« (Ulrike Capdepón) der Vergangenheitsarbeit hingewiesen wurde. Das Internationale Recht und die lateinamerikanischen Erfahrungen der Menschenrechtsbewegungen im Kampf gegen Straflosigkeit wurden zu wichtigen Referenzpunkten in der spanischen Argumentation. Die Trias der *transitional justice* (Wahrheit, Gerechtigkeit, Entschädigung) wurde auch von den spanischen Erinnerungsaktivistinnen und -aktivisten bemüht.

Insbesondere ging esum die Unverjährbarkeit von Verbrechen gegen die Menschlichkeit, die Anwendung universeller Gerichtsbarkeiten und die Forderung nach einem Ende der Straflosigkeit (zu Reichweite und Grenzen der *Transitional Justice* und zu verschiedenen Forschungsansätzen vgl. neuerdings Fischer 2023).

Nach der Suspendierung Garzóns kam vor allem der Bezug auf transnationale Menschenrechtsnormen zum Tragen. Angehörige republikanischer Exilierter aus dem Spanischen Bürgerkrieg forderten in Argentinien die juristische Aufarbeitung der spanischen Diktaturverbrechen. Danach schritt dieser Prozess in Buenos Aires voran, wobei zu den Anklagepunkten auch die Problematik der »geraubten Kleinkinder« zählte. In den Folgejahren schlossen sich den Sammelklagen viele (inzwischen stark ausdifferenzierte) Erinnerungsinitiativen an, die von einer breiten transnationalen Bewegung unterstützt werden.

Rund 15 Jahre nach dem Inkrafttreten jenes ersten *Memoria-Histórica*-Gesetzes von 2007 – Anfang der 2020er-Jahre – war die vergangenheitspolitische Bilanz Spaniens alles andere als befriedigend, zumal die Arbeit der unterschiedlichen Gruppen und Initiativen von Behördenschikanen, politischen Erschwernissen, fehlender Richterkooperation und ausbleibenden staatlichen Mitteln sehr behindert wurde. Von den rund 130.000 Ermordeten, von denen bis dahin nur rund 11.000 ausgegraben worden waren, konnten bis Ende 2021 nur 0,2 Prozent genetisch identifiziert werden (zuvor waren die Identifizierungen mit anthropologischen Methoden erfolgt). Bis heute werden alljährlich in rund 25 Pfarreien, verstreut über ganz Spanien, am 20. November – dem Todestag Francos – Totenmessen zu Ehren des Diktators gelesen. Auch am Beispiel der Umbenennung von Straßen lässt sich die Nichtbefolgung des Erinnerungsgesetzes vielfach dokumentieren. Ein Beispiel unter vielen ist die Millán-Astray-Straße in Madrid. José Millán Astray war in den 1920er-Jahren der Gründer der spanischen Fremdenlegion und später einer der fanatischsten Faschisten und der ultranationalistischen Militaristen. Im Zuge der Umsetzung des Erinnerungsgesetzes wurde zwar von der damals linken Madrider Stadtregierung unter

Manuela Carmena 2017 die Straße umbenannt. Die politische Ultrarechte legte vor Gericht jedoch Widerspruch ein und erhielt Recht; Mitte 2021 – inzwischen hatte Madrid wieder einen konservativen Bürgermeister – erhielt die Straße ihren früheren Namen Millán Astray zurück. Andere Straßen- und Ortsnamen,

Andere Straßen- und Ortsnamen, die eine Verherrlichung des Franquismus darstellen und somit geändert werden müssten, haben ihre Bezeichnungen einfach beibehalten oder ebenfalls wiedererlangt.

die eine Verherrlichung des Franquismus darstellen und somit geändert werden müssten, haben ihre Bezeichnungen einfach beibehalten oder ebenfalls wiedererlangt. In Oviedo etwa sind gleich 17 Straßennamen rückbenannt worden.

2014 schon hatte der UN-Sonderberichterstatter »für die Durchsetzung von Wahrheit, Gerechtigkeit und Entschädigung und der Garantie der Nichtwiederholung« in Spanien, Pablo de Greiff, auf die Mängel und Defizite des Erinnerungsgesetzes von 2007 hingewiesen. Unter Rückgriff auf Lösungsansätze in anderen Ländern mit vergleichbarer traumatischer Vergangenheit, kritisierte de Greiff die zögerliche spanische Gesetzgebung, die zwar die Illegitimität der franquistischen Gerichte und ihrer Urteile anprangerte, aber es nicht gewagt habe, die von ihnen verhängten Urteile zu annullieren. Einer scharfen Kritik unterwarf er auch die »Privatisierung« der Exhumierungen aus Massengräbern, für die zwar Subventionen vorgesehen waren, bei denen jedoch den Familienangehörigen die Auffindung der Gräber der »Verschwundenen« des Franquismus und die Exhumierung ihrer Gebeine zugemutet wurde und die finanzielle Unterstützung in den Regierungsjahren des konservativen Mariano Rajoy ganz ausblieb (vgl. González Soriano 2018; Ponce Alberca/Ruiz Carnicer 2021).

Geht es um die moralische und juristische Aufarbeitung von vergangenem staatlichen Unrechtshandeln, um Fragen der Wiedergutmachung, Entschädigung und Entschuldigung, bildet Spanien einen Sonderfall, vor allem auch deshalb, weil in anderen Ländern wie Chile oder Argentinien deren Amnestiegesetze durchaus abgeschafft werden konnten, und es in Ländern wie Polen oder Südafrika die jeweiligen Regierungen waren, die erste Untersuchungskommissionen zu den verübten Verbrechen einsetzten (so beschränkt deren Wirkung im Einzelnen auch gewesen sein mag). In Spanien jedoch sind seit dem Ende des Bürgerkrieges inzwischen über 84 Jahre vergangen, und immer noch weigert sich der konservative *Partido Popular,* an der Aufarbeitung der Vergangenheit mitzuwirken. Vielmehr behindert er diese nach Kräften. Trotzdem ist die gesellschaftliche Auseinandersetzung mit Krieg und Diktatur zu einem Signum der vergangenen Jahrzehnte geworden. In den letzten Jahren ist diese Auseinandersetzung, die zwischenzeitlich etwas abgeflaut war, wieder voll aufgebrochen. 2016 etwa wurde zum ersten Mal auf gerichtliche Anordnung hin die Exhumierung (aus dem *Valle de los Caídos,* dem »Tal der Gefallenen«) der körperlichen Reste von zwei Republikanern angeordnet, die dort gegen den Willen ihrer Angehörigen ruhten und zu jenen rund 34.000 Leichen zählten, die nach 1959 und in den folgenden Jahrzehnten dorthin verbracht worden waren (zur Einordnung des *Valle de los Caídos* in den politisch-ideologischen Zusammenhang des Franquismus vgl. Ferrándiz 2011). Ungefähr gleichzeitig begann man endlich, einigermaßen flächendeckend, jenen Auftrag des »Gesetzes zur historischen Erinnerung« von 2007 umzusetzen, der die Umbenennung zahlloser franquistischer Straßennamen sowie die Entfernung von Denkmälern und Gedenktafeln vorsah. Jede einzelne dieser in den Kommunen zu beschließenden Umbenennungen war von heftigen Polemiken sowohl der einen wie der anderen Seite begleitet. Besonders skandalös war in diesem Zusammenhang die Haltung der (ultra-)konservativen Parteien im Madrider Parlament (PP, *Vox*), die eine (neuerliche) Verurteilung von anerkannten Republikanern – wie den Sozialisten-

Monumentalkreuz im Valle de los Caídos, dem »Tal der Gefallenen«. Inzwischen heißt der Ort Valle de Cuelgamuros
Foto: Marit Teerling

führern der 1930er-Jahre Indalecio Prieto und Francisco Largo Caballero – betrieben und damit paradigmatisch den rechten Diskurs weiter radikalisierten.

Regionalisierung und Formveränderung der Erinnerungsarbeit

★ Drehten sich die Debatten in den ersten Jahrzehnten nach Francos Tod primär um die Erinnerungspolitik der Zentralregierung in Madrid, so kam es spätestens Ende des 20. Jahrhunderts – in Anbetracht von deren schleppenden Maßnahmen – zu einer »Regionalisierung« der politischen Erinnerungsarbeit und zu einer von gesellschaftlichen Gruppierungen vorangetriebenen Erweiterung der Erinnerungsthemen. Vor allem ergriff die »Vereinigung zur Wiedergewinnung der historischen Erinnerung« (ARMH) auf regionaler und lokaler Ebene vielerlei Initiativen, gründete zahlreiche »Erinnerungsgesellschaften« in den Provinzen und übte ständigen Druck auf die Regionalregierungen aus, endlich erinnerungspolitisch tätig zu werden. Während im politischen Zentrum Madrid in der Regierungszeit des konservativen Mariano Rajoy (2011–2018) keinerlei Initiativen zu erwarten waren, wurden die Regionalregierungen unter sozialistischer oder peripher-nationalistischer Führung aktiv. 2017 erklärte das katalanische Parlament einstimmig die Ungültigkeit aller Urteile, die während des Franquismus »aus politischen Gründen« gefällt worden waren. Das katalanische Gesetz war von größter symbolischer Bedeutung für das ganze Land, erklärte es doch sämtliche »politischen« Prozesse, die in den 36 Jahren Diktatur geführt worden waren, für ungültig – eine bis heute höchst umstrittene Entscheidung.

Das erste Regionalgesetz zur historischen Erinnerung wurde am 16. März 2017 in Andalusien *(Ley de Memoria Histórica y Democrática de Andalucía)* mit den Stimmen von PSOE und *Unidas Podemos* verabschiedet. Es ruft zur Gründung einer »Wahrheitskommission« auf, die einen umfassenden Bericht über Bürgerkrieg und franquistische Verbrechen erarbeiten sollte. Dieser Bericht würde dem »Verteidiger des andalusischen Volkes« *(Defensor del Pueblo Andaluz)* und dem staatlichen »Volksverteidiger« *(Defensor del Pueblo)* – einer Art Ombudsmann – vorgelegt werden. Untersucht werden sollte der lange Zeitraum von der Gründung der Zweiten Republik (1931) bis zum Inkrafttreten des andalusischen Autonomiestatuts am 11. Januar 1982. Das Gesetz sieht eine juristische und wirtschaftliche Wiedergutmachung zahlreicher Personengruppen vor, unter anderem der Familienangehörigen »verschwundener« Personen, der aus politischen Gründen im Ausland Exilierten, der Opfer von Folter und ungerechtfertigter Haft, der »gestohlenen« und zur Adoption freigegebenen Kinder, der wegen ihrer sexuellen Orientierung im Franquismus Verfolgten, der vom Franco-Regime unterdrückten Organisationen (Parteien, Gewerkschaften, ethnische Minderheiten, Freimaurer etc.), der verfolgten und ihrer Ämter enthobenen Personen, die für die Zweite Republik gekämpft hatten, und anderer Opfergruppen der Diktatur. Außerdem wurde der Autonomen Gemeinschaft die Pflicht zur finanziellen Unterstützung der Exhumierungen auferlegt (zu den Exhumierungen vgl. Ferrándiz 2014 und Pérez Guirao 2019). Zum Zeitpunkt seiner Verabschiedung ging das andalusische Gesetz zwar weiter als das gesamtstaatliche Erinnerungsgesetz von 2007; da seit 2018 aber die Regierungsgewalt in Andalusien beim *Partido Popular* liegt, lässt die Umsetzung der Gesetzesbestimmungen bis heute auf sich warten.

Neben Andalusien haben im zweiten Jahrzehnt des 20. Jahrhunderts auch andere Autonome Gemeinschaften damit begonnen, eigene Gesetze zur Erinnerungskultur auszuarbeiten, etwa Navarra, Valencia, Aragonien und die Balearen. Diese »Gesetze zum historischen und demokratischen Gedenken« von regionaler Reichweite sehen in Fällen von franquistischer Apologie zudem Sanktionen vor. Allerdings finden diese *Leyes de Memoria Histórica y Democrática* kaum Anwendung – zumindest nicht in ihrem strafrechtlichen Teil, da in den letzten Jahren zahlreiche Veranstaltungen stattgefunden haben, auf denen der Franquismus verherrlicht und präkonstitutionelle Symbole gezeigt wurden, ohne dass von staatlicher Seite eingegriffen worden wäre. Im valencianischen Gesetz zum Beispiel wird ausdrücklich festgehalten, dass all jene öffentlichen Akte unter Strafe stehen, die »gegen das demokratische Gedenken und die Würde der Opfer und ihrer Familien« gerichtet sind; auch die »individuelle und kollektive Verherrlichung des Militäraufstandes oder des Franquismus« ist strafbewehrt. In den meisten Fällen, in denen gesetzeswidrige Aufmärsche und Demonstrationen profranquistischer Ausrichtung stattgefunden haben, blieb die Polizei allerdings passiv, strafrechtlich gab es keine Konsequenzen.

Die Regionalisierung des »historischen Gedächtnisses« führte in den einzelnen Autonomen Gemeinschaften zu unterschiedlichen, manchmal sogar zu widersprüchlichen Entwicklungen. La Rioja verabschiedete im April 2022 unter sozialistischer Ägide ein »Gesetz zur Wiedergewinnung der demokratischen Erinnerung«, richtete den offiziellen Gedenkort *La Barranca* ein, beschleunigte die Exhumierung der Leichen von unrechtmäßig erschossenen Republikanern, betrieb mit forensischen Methoden die sichere Identifizierung der franquistischen Opfer und machte an öffentlichen Schulen die Unterrichtung der vom Siegerregime verübten Verbrechen zur Pflicht. Ganz anders war die Entwicklung in der Gemeinschaft Kastilien und León, die im Jahr 2022 eine Koalitionsregierung zwischen dem konservativen *Partido Popular* und der ultranationalistischen Partei *Vox* erhielt; die äußerst rechtslastige Regierung machte sich sofort nach ihrer Konstituierung daran, die wichtigsten Bestimmungen des schon zuvor bestehenden Gesetzesdekrets »zur historischen Erinnerung« außer Kraft zu setzen und jegliche finanzielle Unterstützung der Erinnerungsarbeit einzustellen. Heutzutage verfügt die Mehrzahl der Autonomen Gemeinschaften – Ausnahmen sind Galicien, Madrid und Murcia – über eigene Erinnerungsgesetze von unterschiedlicher Reichweite (vgl. https://www.mpr.gob.es/memoriademocratica/normativa-y-otros-recusos/Paginas/index.aspx).

Im Sommer 2023 konnte im Kulturzentrum von Valencia, kurz vor der regionalen Regierungsübernahme durch die Konservativen, eine große Ausstellung mit dem Titel »Die Gräber des Franquismus« eröffnen, die die Gräber von Paterna, der »Erschießungsmauer von Spanien« *(El Paredón de España)* zum Gegenstand hatte. Zwischen 1939 und 1956 waren an dieser Mauer 2.238 Personen standrechtlich erschossen worden. Der neue konservative Regierungschef hatte schon im Wahlkampf – unter Verkehrung der Argumente – angekündigt, er werde das regionale Erinnerungsgesetz (auf dessen Grundlage die Ausstellung vorbereitet worden war) sofort außer Kraft setzen, da es »die Wiederversöhnung in historischen Angelegenheiten« angreife. Im Februar 2023 wurden nach dreijähriger Arbeit die Exhumierungsarbeiten am Massengrab *Pico Reja* in Sevilla abgeschlossen. Insgesamt wurden in diesem – in den Worten des Ausgrabungsleiters – »größten Massengrab Europas« 1.786 Körper ausgegraben und umgebettet.

Einen Sonderfall stellt die Erinnerungsarbeit im spanischen Baskenland dar. Gedacht wird dort nicht nur der franquistischen Unterdrückung, sondern auch der Gewalttaten der terroristischen Untergrundorganisation ETA (*Euskadi Ta Askatasuna,* »Baskenland und Freiheit«), die erst vor rund einem Jahrzehnt ihre schon Ende der 1950er-Jahre begonnenen Terrorakte eingestellt hat. Auf die »Befriedung« des Gebiets folgte vorerst aber keine gesellschaftliche Aufarbeitung der bleiernen Jahre des ethnonationalistischen Terrors, sondern – durchaus vergleichbar mit dem offiziellen Beschweigen der franquistischen

Unrechtstaten nach 1975 – eine Phase der vorsichtigen Zurückhaltung und des tastenden Zusammenlebens der baskischen Mehrheitsgesellschaft mit den inzwischen aus der Haft schon entlassenen *etarras* und ihren Unterstützerkreisen. Erst allmählich fanden Tagungen statt, die Literatur öffnete sich dem Thema (Aramburu 2018), lokale Veranstaltungen der Opfervereinigungen wiesen immer wieder auf die Verbrechen von ETA hin.

Der im Baskenland schon 2010 eingeführte »Gedenktag« *(Día de la Memoria)* konnte im letzten Jahrzehnt allerdings keine Übereinkunft über die Art des Gedenkens, über die Interpretation des Agierens von ETA und von Seiten des Staates, über die allmähliche Delegitimierung der Terrorbande erzielen; bis heute nimmt das Gedenken in einzelnen Gemeinden sehr unterschiedliche Formen an. Immer wieder wird bei Gedenkveranstaltungen darüber gestritten, wie Niedergang und Selbstauflösung von ETA zu erklären seien. ETA-nahe Interpreten verbreiten die Deutung, derzufolge es im Baskenland einen »Konflikt« zwischen »zwei Lagern« gegeben habe; somit müsse die Verantwortung für das verursachte Leid auch von allen Seiten getragen werden. Demgegenüber wird von staatlichen Stellen betont, dass die beiden Seiten der Auseinandersetzung nicht gleichzusetzen seien und das von ETA verursachte Leid politisch und persönlich nur von den Mitgliedern der Terrorbande zu verantworten sei. Der »Geist von ETA«, der immer noch in der baskischen Gesellschaft anzutreffen sei, müsse bekämpft werden. Auch nahezu alle im Baskenland aktiven Parteien – mit Ausnahme der ethnonationalistischen Linkspartei *Bildu* – hoben im letzten Jahrzehnt hervor, dass der ETA-Terrorismus nie gerechtfertigt gewesen sei; auch der vom Staat geführte »schmutzige Krieg« und polizeiliche Übergriffe lieferten keine Rechtfertigungsargumente für den mörderischen Terror – eine Interpretation, der sich in letzter Zeit immer mehr soziale Akteure angeschlossen haben. Nur noch zwei Prozent der Jugendlichen rechtfertigen heute den früheren Terrorismus von ETA.

Erst im Oktober 2021 wurden verschiedene Schritte zur Annäherung und Versöhnung im Baskenland unternommen.

Damals verlas Arnaldo Otegi, der *leader* der *abertzale*-Linken – *abertzale* ist eine übergreifende Bezeichnung für die ethnonationalistische Linke im Baskenland – eine Erklärung, in der auch die linksnationalistische Partei *EH Bildu* »Bedauern und Schmerz für das von ETA zugefügte Leiden« ausdrückte, »das nie hätte geschehen dürfen«; *Bildu* wolle »das Mögliche tun, um dazu beizutragen, dieses Leiden zu lindern.« Ebenfalls erst Ende 2021 anerkannten die noch in spanischen Gefängnissen einsitzenden ETA-Mitglieder, dass die öffentlichen Willkommensbekundungen und Ehrungen, die *ongi etorris,* die ETA-Terroristen zuteilwurden, wenn sie nach Ableistung ihrer Gefängnisstrafen in ihre Heimatdörfer zurückkehrten, den Opfern des Terrorismus »Schmerz« zufügten; sie plädierten daher für eine Beendigung derartiger öffentlicher Sympathiebekundungen und verstanden ihren Aufruf als Beitrag zum »Zusammenleben der Basken« und zum Frieden. Allein im Jahr 2021 gab es, nach Berechnungen der »Vereinigung von Opfern des Terrorismus« *(Colectivo de Víctimas del Terrorismo, COVITE)*, im Baskenland 191 »öffentliche Akte zur Verherrlichung des Terrorismus« (30 davon für freigekommene ETA-Mitglieder).

Bildu schloss sich dem Aufruf der *etarras* an. Dieser Schritt mag elektoralistischen Gründen geschuldet gewesen sein, da *Bildu,* Nachfolgerin der illegalisierten Partei *Batasuna* (als politischer Arm von ETA), zehn Jahre nach Beendigung der Waffengewalt durch die Terrororganisation inzwischen aktiv am politischen Leben des Baskenlandes teilnimmt; trotzdem wurde der Schritt zu Recht in der baskischen und spanischen Öffentlichkeit als richtig und wichtig in Richtung eines friedlichen und demokratischen Zusammenlebens im Baskenland interpretiert.

Schon einige Monate vor diesen öffentlichen Bekenntnissen war Mitte 2021 in der baskischen Hauptstadt Vitoria-Gasteiz, nach jahrelanger Vorbereitung, das »Gedenkzentrum für die Opfer des Terrorismus« eröffnet worden. Mit diesem bis heute umstrittenen Museum versuchen Spanien und das Baskenland, sich der terroristischen ETA-Vergangenheit zu stellen. Dass viele nationalistische Baskinnen und Basken dem neuen Gedenkort äußerst skeptisch gegenüberstehen, hängt damit zusammen, dass sie das Museum für diskriminierend halten, da die Menschenrechtsverbrechen staatlicher Instanzen gegen die für die Unabhängigkeit des Baskenlandes kämpfenden *etarras* nicht dokumentiert werden. Die Kritiker verweisen darauf, dass während der Diktatur Francos und in den Jahren der Transition »Tausende« von Menschen Opfer (para-)staatlicher und polizeilicher Gewalt geworden seien.

Das spanische Parlament hatte wiederum schon im Jahr 2011 mit großer Mehrheit ein »Gesetz für die Anerkennung und den umfassenden Schutz von Terrorismusopfern« verabschiedet. Zehn Jahre später sagte König Felipe VI. bei der Einweihung des Gedenkzentrums, in Anwesenheit des baskischen Regierungschefs Iñigo Urkullu, die Terroropfer seien »eine der ethischen Säulen der Demokratie«; er betrachte sie als grundlegend, um »jede Legitimierung oder Rechtfertigung von Gewalt« zu ächten. Die Gedenkstätte – die erste ihrer Art in Europa – sollte zwischen der Opferperspektive und der gebotenen historischen Objektivität vermitteln, ein aus der Holocaust-Forschung der letzten Jahrzehnte hinreichend bekanntes Problem. Hierzu orientierten sich die Verantwortlichen für das Gedenkmuseum an Holocaust-Gedenkstätten wie *Yad Vashem* oder dem Berliner *Denkmal für die ermordeten Juden Europas* (Ingendaay 2021).

Seit Beginn der 2020er-Jahre wurden sich auch einige Universitäten bewusst, dass ihre Studentinnen und Studenten über den innerstaatlichen Terrorismus in Spanien sehr schlecht informiert waren. Nur sehr allmählich haben die Universitäten des Baskenlandes inzwischen begonnen, Kurse in »Angewandter Ethik« anzubieten und reumütige ETA-Terroristen sowie Opfer des ETA-Terrors in die Hörsäle zu rufen, um mit den Studierenden grundlegende Fragen eines friedlichen Zusammenlebens (bei abweichenden politischen Einstellungen) zu debattieren. Und die Madrider Regierung des Sozialisten Pedro Sánchez hat ein Projekt »Erinnerung und Terrorismusprävention« für die Oberstufen der Gymnasien lanciert, deren Ziel die Vermittlung demokratischer Werte ist.

Bei der Intensivierung der Erinnerungsarbeit ging es aber nicht nur um eine »Regionalisierung« der entsprechenden Gesetzgebung, sondern zugleich um eine Ausweitung der Erinnerungsformen. Die Erinnerungslandschaft fragmentiert sich immer weiter. Zu den staatlichen und gesellschaftlichen Aktivitäten auf Landesebene gesellten sich in den letzten Jahren stark ausdifferenzierte Gedenkkulturen auf regionaler und lokaler Ebene. Überall wurden und werden neue und zugleich innovative Erinnerungsinitiativen gestartet. In Madrid etwa wurde 2004 die »Vereinigung für die gesellschaftliche und demokratische Erinnerung« *(Asociación de la Memoria Social y Democrática, AMESDE)* gegründet, deren Ziel es ist, »die Kenntnisse über die Vergangenheit zu intensivieren, zu analysieren und zu verbreiten«. Inzwischen hat diese Vereinigung sechs Bände herausgegeben, die sich unter der Leitung von Fernando Valls mit der Literatur zum Bürgerkrieg und zur Erinnerungskultur von 2014 bis 2019 beschäftigen und eine nahezu vollständige, ausführlich kommentierte Bibliographie zu den Publikationen jener Jahre darstellen (vgl. die Sondernummer 9, 2021, der von der *Universidad Autónoma de Barcelona* herausgegebenen Zeitschrift *Dictatorships and Democracies*). Die Regierung der Balearen richtete 2021 eine »Erinnerungsstätte des Wortes« *(Memorial de la Palabra)* ein, in der Briefe an (lebende und tote) Opfer des Franquismus gesammelt werden.

Seit einiger Zeit gesellt sich in ganz Spanien zu diesen Initiativen eine weitere: die Verlegung von »Stolpersteinen«. Bei dieser Initiative handelt es sich um ein aus anderen europäischen Staaten übernommenes Erinnerungssymbol (vgl. Núñez-Seixas 2021, 1018–1022). Relativ häufig sind solche Stolpersteine inzwischen in Katalonien und im Baskenland, mitunter aber auch in kastilischen Kleinstädten oder in Andalusien anzutreffen. Zumeist engagieren sich hierbei Organisationen und Verbände des linken politischen Spektrums. Die ersten dieser *piedras de la memoria* wurden 2015 in katalanischen Kleingemeinden verlegt, sodann auf der Baleareninsel Mallorca, später in Madrid und anderen Städten (vgl. https://www.stolpersteine.eu/chronik). Mit

Beginn der Corona-Pandemie (März 2020) stellten viele Kommunen ihre diesbezüglichen Projekte allerdings wieder ein.

Zwei Aspekte fallen an der spanischen Variante der Verlegung von Stolpersteinen auf: Zum einen wurde dieses Projekt in der Presse zumeist mit der deutschen Erinnerungspolitik und dem Holocaust assoziiert, womit diese Facette der spanischen Vergangenheitsaufarbeitung in eine gesamteuropäische Praxis integriert wurde; zum anderen erinnern die Stolpersteine ganz überwiegend an Opfer, die nach dem Ende des Bürgerkriegs

Zu einem weiteren, wichtigen Thema der spanischen Vergangenheitsaufarbeitung wurde im 21. Jahrhundert das schockierende Phänomen der »gestohlenen Kleinkinder« (bebés robados).

nach Frankreich und Nordafrika geflohen sind und von deutschen Besatzern ihrer Fluchtorte in Konzentrationslager (hauptsächlich nach Mauthausen) deportiert wurden. »Damit wollten die politischen Verbände und Gremien, die hinter den Initiativen standen, zweifellos die deutliche Kontinuität zwischen dem antifaschistischen Kampf der Jahre 1936–1939 und dem Schicksal der gesamteuropäischen Antifaschisten unterstreichen« (Núñez-Seixas 2021, 1022). Bis heute sieht man in den spanischen Stolpersteinen vor allem Gedenkzeichen für die Spanierinnen und Spanier, die während des Zweiten Weltkrieges im Kampf gegen den Faschismus ermordet worden sind.

Zu einem weiteren, wichtigen Thema der spanischen Vergangenheitsaufarbeitung wurde im 21. Jahrhundert das schockierende Phänomen der »gestohlenen Kleinkinder« *(bebés robados)*. Inzwischen haben mehr als 2.300 von ihnen auf der Suche nach ihren biologischen Eltern (erfolglos) Anzeige erstattet. Tatsächlich dürfte die Zahl der »gestohlenen Kinder« noch viel höher liegen; Schätzungen sprechen von 30.000 bis 300.000 Säuglingen, die unmittelbar nach ihrer Geburt ihren

Müttern entrissen und anderen, regimetreuen Eltern überlassen wurden. Als nach Francos Tod das ideologische Motiv für den Kinderraub nicht mehr griff, waren es ökonomische Gründe, die bewirkten, dass die menschenverachtende Praxis des Kinderraubes bis Ende des 20. Jahrhunderts fortdauerte. Zahlreiche Organisationen, zum Beispiel *SOS Bebés robados*, sammelten viele Jahre lang Zeugenaussagen und DNA-Proben (vgl. Gimber/Rodríguez 2012).

Die Anfänge dieser unmenschlichen Praktiken liegen in den ersten Jahren des Franco-Regimes. Ein Gesetz aus dem Jahr 1941 sah vor, inhaftierten Republikanerinnen ihre neugeborenen Kinder zu nehmen, um sie nicht dem »marxistisch-freimaurerischen Milieu« zu überlassen, sondern bei regimetreuen, nationalbewussten Eltern aufwachsen zu lassen. Damit könne man, so die ideologische Annahme, den Marxismus im Lande binnen kurzem ausrotten. Die katholische Kirche, die die meisten Geburtskliniken betrieb, war vom ersten Tag an am Kinderraub beteiligt – eine Praxis, die bald auch auf Kinder »gefallener Mädchen« (einer Umschreibung lediger Mütter aus einfachen Verhältnissen) ausgedehnt wurde. Für die an diesen Praktiken Beteiligten wurde der Kinderraub schnell zu einem überaus lukrativen Geschäft: für Ärzte, Geburtskliniken, die Kirche, die Vermittler.

Erst zu Beginn des 21. Jahrhunderts nahm der Richter Baltasar Garzón umfangreiche Ermittlungen zu diesem massenhaften Kinderraub während des Franquismus (und danach) auf. Allein für die Jahre bis 1952 stieß er auf über 30.000 Fälle von politisch-ideologisch motiviertem und perfekt organisiertem Kinderraub. Dem Staat warf Garzón bewusstes Vertuschen und Verschleiern dieser Verbrechen vor; die Behörden seien nicht einmal zur Öffnung der Archive bereit gewesen, geschweige denn zu echter Reue. Immerhin bewirkte der Richter, dass sich der Europarat, das Europäische Parlament und die Vereinten Nationen mit der spanischen Verweigerungshaltung beschäftigten und Madrid aufforderten, sich bei der Aufklärung der Urkundenfälschungen, der Freiheitsberaubungen und der illegalen Adoptionen zu engagieren.

Schließlich sei noch ein letzter, für die spanische Gesellschaft überaus wichtiger Bereich der Vergangenheitsaufarbeitung angesprochen: die Schule. Die bisherigen Ausführungen mögen den Eindruck erweckt haben, als erlebe Spanien seit längerem einen richtigen Erinnerungsboom. Tatsächlich aber blieben bisher große Bereiche des gesellschaftlichen Lebens des Landes von den erinnerungspolitischen Debatten völlig unberührt. Hierzu gehört etwa der Schulsektor. Bürgerkrieg, franquistische Diktatur und Repression oder antifranquistischer Widerstand werden in den Lehrplänen der Schule kaum oder nur marginal erwähnt (vgl. Hernández Sánchez 2017). Viele Schüler und Schülerinnen kennen den Nationalsozialismus und die Verbrechen an Jüdinnen und Juden besser als die Gräueltaten, die in Spanien im letzten Jahrhundert verübt worden sind. Häufig ist zu hören, der Lehrplan lasse es zeitlich nicht zu, das 20. Jahrhundert im Unterricht ausführlich zu berücksichtigen. Oder Lehrerinnen und Lehrer weigerten sich, auf derart »gefährliche« Themen näher einzugehen. Die historische Erinnerung, so das Ergebnis neuerer Untersuchungen, spiele an Schulen größtenteils keine Rolle. Allenfalls komme man zur Behandlung des Bürgerkriegs, nicht aber zur Repression, die nach 1939 gewütet hat. Der Blick auf das erste Jahrzehnt nach dem Bürgerkrieg sei in den Lehrplänen außerdem »distanziert und aseptisch«, Gemeinplätze dominierten den Diskurs. Nicht einmal 40 Prozent der Schulbücher erwähnen die Unterdrückung einer breiten Bevölkerungsschicht, die weit verbreiteten Repressionsmaßnahmen fänden keinen Platz in den schulischen Darstellungen. Es gibt große Schulbuchverlage, in deren Büchern immer noch zu lesen ist, dass der Bürgerkrieg seinen »Grund im Chaos gehabt habe, das die Zweite Republik bewirkte«. Vielfach werde die franquistische Terminologie weiterverwendet, etwa die Bezeichnung *alzamiento* (»Erhebung«) statt *golpe de Estado* (»Staatsstreich«) für die Ereignisse des 18. Juli 1936, oder *generalísimo* (»Generalissimus«) statt *dictador* (»Diktator«) für Franco; die bevorzugte Bezeichnung für den Bürgerkrieg laute verharmlosend *conflicto entre hermanos* (»Konflikt zwischen Geschwistern«), als müsse Äquidistanz zwischen beiden Seiten hergestellt werden; auch wird indirekt eine Gleichstellung zwischen beiden Lagern evoziert, wenn in einzelnen Handbüchern behauptet wird, dass »beide Seiten die gleichen Opfer verursacht haben«, ohne darauf einzugehen, dass die Bürgerkriegssieger nahezu 40 Jahre lang systematische Repressionspolitik betrieben haben. Schließlich muss noch auf eine Reihe tabuisierter Themen hingewiesen werden, die so gut wie nie in Schulbüchern zu finden sind, etwa die Beschlagnahmung materieller Güter der unterlegenen Republikaner oder die höchst bedenkliche legitimierende Rolle der katholischen Kirche während mehrerer Jahrzehnte einer brutalen Diktatur. Erst seit wenigen Jahren vollzieht sich in einigen Schulbüchern Autonomer Gemeinschaften, die längere Zeit vom PSOE regiert wurden, oder im Baskenland und in Katalonien, eine allmähliche Änderung.

Vom »historischen« zum »demokratischen« Erinnerungsgesetz von 2022

★ Die neue Popularität des Erinnerns hat paradoxerweise die Aussichten auf einen Erinnerungskonsens, auf eine einmütige Verurteilung der jüngeren, von Krieg und Diktatur geprägten Vergangenheit eher erschwert. Deutlich wird dies an der Erinnerungspolitik der seit Mitte 2018 im Amt befindlichen sozialistischen Regierung von Pedro Sánchez, die von Anfang an Francos Gebeine aus dem (staatlich finanzierten) »Tal der Gefallenen« entfernen lassen wollte – eine staatsethisch zwar dringend erforderliche Maßnahme, die aber auf den entschiedenen Widerstand nicht nur der Familie Franco, sondern auch der Konservativen im Lande stieß (zum *Valle de los Caídos* vgl. Calleja 2009). Schon im Jahr 2011 hatte ein Expertenkomitee der damaligen Regierung Zapatero empfohlen, den Leichnam Francos aus der Basilika zu entfernen, den des Falangegründers José Antonio Primo de Rivera weg vom Hochaltar an einen weniger zentralen Ort der Basilika zu verlegen und der gesamten Anlage eine neue Sinnbestimmung zu geben. Die noch im gleichen Jahr ins Amt gekommene konservative Regierung von Mariano Rajoy hebelte jedoch alle derartigen Initiativen sofort aus, die erst von der Regierung Sánchez 2018 wieder aufgegriffen werden konnten. Geschichtspolitische Maßnahmen der sozialistischen Regierung wurden sodann in einem Atemzug mit innenpolitischen Entscheidungen (etwa in der Katalonienfrage) von der nun noch weiter nach rechts abdriftenden Opposition *(Partido Popular, Ciudadanos, Vox)* heftigst kritisiert, so dass sich dem kritisch beobachtenden Zeitzeugen ein Bild des politischen Spanien prä-

Die politische Polarisierung, die erschreckend an die Bürgerkriegskonfrontation der 1930er-Jahre erinnert, trat beispielsweise im Slogan der Konservativen PP-Partei zu den vorgezogenen Parlamentswahlen am 23. Juli 2023 zutage; er lautete: »Wahl zwischen Sánchez oder Spanien«.

sentierte, in dem (quasi als Hinterlassenschaft des Bürgerkrieges und mit nahezu demselben Vokabular) Lagerdenken und politische Schwarzweißmalerei die Debatten über Vergangenheit, Gegenwart und Zukunft des Landes beherrschten. Die politische Polarisierung, die erschreckend an die Bürgerkriegskonfrontation der 1930er-Jahre erinnert, trat beispielsweise im Slogan der Konservativen PP-Partei zu den vorgezogenen Parlamentswahlen am 23. Juli 2023 zutage; er lautete: »Wahl zwischen Sánchez oder Spanien«. Das Motto appellierte an vorurteilsbehaftete Gefühle und suggerierte, der personalistisch angesprochene politische Gegner sei die Antithese zum Vaterland Spanien, somit ein Feind des Landes. Auch Franco hatte die Republikaner stets als »Anti-Spanier« apostrophiert und sich selbst mit Spanien gleichgesetzt.

Die Intensivierung der geschichtspolitischen Diskurse hat Spanien aus einer relativen Geschichtsvergessenheit in eine neuerliche Geschichtsversessenheit geführt. Höchst brisant war die Frage, was mit den leiblichen Überresten Francos geschehen solle. Die Gebeine des Diktators sollten zwar nach dem Willen der sozialistischen Regierung aus dem »Tal der Gefallenen« entfernt, nicht aber – wegen der Gefährdung der öffentlichen Sicherheit – in die Madrider Kathedrale überführt werden, wie es die Familie Franco plante. Mitte Februar 2019 erteilte die Regierung die ultimative Anordnung, die Überreste aus dem Komplex zu entfernen. Sie musste allerdings 16 Monate vor Gerichten kämpfen, bis die Exhumierung des Leichnams von Franco vorgenommen werden konnte. Juristisch und politisch wurde an verschiedenen Fronten erbittert gerungen, die politische Spannung hielt das ganze Land in Atem. Als schließlich alle erforderlichen Voraussetzungen gegeben waren und im Herbst 2019 die Umbettung in die Familiengruft der Familie Franco auf dem Friedhof von Mingorrubio (El Pardo) erfolgt war, lobte der sozialistische Regierungschef die Aktion als »Prestigegewinn für unsere Demokratie in den Augen der Welt«. Relativ geräuschlos erfolgte demgegenüber die Umbettung von José Antonio Primo de Rivera, des Gründers der faschistischen Falangepartei, der im November 1936 von Republikanern erschossen worden war und seit 1959 ein Ehrengrab unter der Kuppel des Hauptaltars im *Valle de los Caídos* hatte. Nach den Bestimmungen des Erinnerungsgesetzes von 2007 hätte sein Körper weiterhin im Mausoleum ruhen können; er wäre allerdings von dem herausgehobenen Platz entfernt und an eine andere Stelle der Basilika verlegt worden. Damit war die Familie jedoch nicht einverstanden, sie zog eine Umbettung auf den Madrider Friedhof San Isidro vor. Auch die Umbettung (in einer Nacht- und Nebelaktion) des Leichnams von General Gonzalo Queipo de Llano – einem der blutrünstigsten Anführer der Putschisten von 1936 – aus der Sevillaner Macarena-Basilika ging ohne größeres Aufsehen vor sich.

Im *Valle de los Caídos* ruh(t)en aber nicht nur die sterblichen Überreste des Diktators Francisco Franco und des Falangegründers José Antonio Primo de Rivera. Vielmehr handelt es sich um eine riesige Nekropole, in mehreren zugemauerten Krypten liegen weitere knapp 34.000 Tote. Von schätzungsweise 12.000 kennt man die Namen nicht. Sie sollten, nach der Vorstellung Francos, jene »Versöhnung« symbolisieren, die der Diktator seinem Land nach Fertigstellung der Basilika im Jahr 1959 und der Überführung der ersten Gebeine suggerieren wollte. Dass auch Republikaner ihre (vorerst) letzte Ruhestätte im *Valle de los Caídos* gefunden hatten, lässt jedoch keine Rückschlüsse auf irgendeine Art von Versöhnungswillen Francos zu. Der Diktator war vielmehr zum Rückgriff auf Tote des republikanischen Lagers gezwungen, da er die Nischen in den Krypten anders nicht hätte füllen können. Die Hinterbliebenen der auf Seiten der Republik Gefallenen wurden nicht gefragt, ob sie damit einverstanden waren, dass ihre toten Familienangehörigen neben dem Gründer der faschistischen Falange und später dem Diktator ruhen mussten. Erst im April 2021 stellte die Koalitionsregierung von Sozialisten und *Unidas Podemos* 665.000 Euro für beantragte Exhumierungen zur Verfügung. Mit dem Geld sollten die zur Identifizierung der Toten notwendigen genetischen Proben durchgeführt werden; diese Untersuchungen werden unter der Leitung des Forensikers Francisco Etxeberria erfolgen, einer der erfahrensten Experten auf diesem Gebiet. Als die Summe bewilligt wurde, lagen der Regierung bereits mehr als 60 Anträge von Familien vor, die die Überreste ihrer Angehörigen exhumieren lassen wollten, welche ab den 1950er-Jahren gegen ihren Willen in die Krypten des *Valle de los Caídos* verbracht worden waren.

Dass Franco niemals an »Versöhnung« dachte, lassen schon seine ersten Äußerungen nach dem Ende der Kampfhandlungen 1939 erkennen: Sofort bei Kriegsende erklärte er das Jahr 1939 zum »Jahr des Sieges« (nicht des Friedens!). Von Versöhnung war nicht die Rede. Vielmehr verkündete er im Rundfunk, dass die nun folgende Zeit keine »bequeme und feige Erholung« sein dürfe, da das Blut der für das Vaterland Gefallenen »kein Vergessen« gestatte. Ganz im Gegenteil: Das Land müsse äußerst wachsam sein, da Spanien sich weiterhin »im Krieg gegen jeden Feind im Inneren und von außen« befinde. Für Franco gab es keinen Zweifel: Das wichtigste Vermächtnis des Krieges war die auf ihn folgende, erwünschte Spaltung der Gesellschaft in zwei Lager: das der Sieger und das der Besiegten. Für das Lager der »Nationalen« stand von Anfang an fest, dass die Sieger regieren und die Früchte ihrer Macht genießen würden. Die Besiegten jedoch, die in den Augen Francos das absolut Böse, ja: das »Anti-Spanien« schlechthin verkörperten, sollten zahlen und büßen (Bernecker 2018, 56–60).

Der eher personalistischen Frage nach dem Verbleib der menschlichen Überreste schloss sich die weitergehende Debatte an, was mit dem monumentalen, Franco glorifizierenden »Tal der Gefallenen« werden solle: ein demokratischer Erinnerungsort für alle, ein Museum, ein Zentrum der Versöhnung? Damit verbunden war auch die Frage, welche Rolle in Zukunft die Kirche bei der Verwaltung und Ausrichtung dieses Komplexes spielen würde, nachdem der Benediktinerorden seit Anbeginn die Obhut über die Gesamtanlage hatte und schon früh zu erkennen gab, dass er nicht bereit war, widerstandslos die Tätigkeiten im »Tal der Gefallenen« aufzugeben. Damit wurde eine neue Kampffront aufgetan. Bis heute gibt es keine klaren Antworten auf diese drängenden Fragen.

Neben der Exhumierung Francos hatte die Regierung Sánchez im Bereich der staatlichen Vergangenheitsaufarbeitung bereits bei Amtsantritt 2018 ein neues Erinnerungsgesetz in Aussicht gestellt, das an die Stelle des heftig kritisierten Gesetzes von 2007 treten sollte (zu den Defiziten des Gesetzes von 2007 vgl. Fernández-Crehuet López/García López 2009, 33–60 und Escudero 2013). Im September 2020 legte sodann die Koalitionsregierung von PSOE und *Unidas Podemos* (UP) den Entwurf für das versprochene »Gesetz zur demokratischen Erinnerung« *(Ley de Memoria Democrática)* vor. Die erste parlamentarische Debatte über dieses Gesetz verlief in der Folge jedoch ausgesprochen schleppend; im Frühjahr 2022 war das neue Gesetz noch immer nicht verabschiedet. In diesem geht es nicht nur um die Frage der Exhumierungen im *Valle de los Caídos,* sondern auch um die Exhumierungen im gesamten Land, über die seit Beginn des 21. Jahrhunderts heftig und äußerst kontrovers debattiert wird (vgl. Ferrándiz 2014). In den Haushalt 2022 wurden für Maßnahmen der »demokratischen Erinnerung« über elf Millionen Euro (zwei Drittel davon für die Exhumierungen) eingestellt.

Der Gesetzesentwurf von 2020 sah vor, die »Stiftung des Heiligen Kreuzes im Tal der Gefallenen« aufzulösen. Der bisherige Stiftungszweck – unter anderem in der täglichen Messe in der Basilika des *Valle* »bei Gott für die Seelen derer zu beten, die im Nationalen Kreuzzug gefallen sind« – sollte in dem Sinne geändert werden, dass die gesamte Anlage zu einem echten »Ort der demokratischen Erinnerung« für alle Spanierinnen und Spanier wird. Das *Valle de los Caídos* sollte seinen religiösen Charakter verlieren und die (geographisch konnotierte Bezeichnung) *Valle de Cuelgamuros* erhalten.

Im Juli 2021 verabschiedete die Regierung schließlich, nach mehrmonatigen Beratungen, öffentlichen Anhörungen und juristischen Einwänden, den inzwischen gründlich überarbeiteten Entwurf für das vorgesehene »Gesetz zur demokratischen Erinnerung«, mit dem internationalen Aufforderungen und der Kritik an den bisherigen Regelungen Folge geleistet und die geltende Gesetzgebung europäischen Standards angeglichen werden sollte. Im Entwurf des Gesetzes hieß es, der spanische Staat »verurteilt und wendet sich gegen den Staatsstreich von 1936 und das auf ihn folgende franquistische Regime«. Aus den vorgesehenen Maßnahmen zur Vergangenheitsaufarbeitung stachen, neben der Umbewertung des *Valle de los Caídos,* die Exhumierung der Überreste des Falangegründers José Antonio Primo de Rivera und die Typisierung der Apologie des Franquismus als »strafbare Handlung« hervor. Vor allem letztere Maßnahme ist umstritten. Zahlreiche Juristen verwiesen sofort darauf, dass auch eine reine Franquismus-Apologie durch das verfassungsmäßig garantierte Grundrecht auf Meinungsfreiheit geschützt sei. Auch die »Nationale Francisco-Franco-Stiftung« (FNFF), deren Hauptzweck die Glorifizierung Francos und die Erzeugung eines positiven Geschichtsbildes des Diktators ist, dürfe nicht verboten werden (was die Regierung vorhatte).

In dem 2021 schließlich ins Parlament eingebrachten Gesetz wurde dem Staat bei der Suche nach den immer noch »verschwundenen« Opfern und deren Identifizierung weit mehr Verantwortung und Zuständigkeit als in dem früheren Gesetz von 2007 übertragen; außerdem werden alle Urteile aufgehoben, die franquistische Gerichte ohne rechtsstaatliche Voraussetzungen gefällt haben. Materielle Entschädigungen sind allerdings nicht vorgesehen. Auch im Bereich der Justizinstitutionen sind Neuerungen vorgesehen. Der Oberste Gerichtshof soll einen Sonderstaatsanwalt »zum Schutz der Rechte der Opfer« und zur »Beförderung der Ermittlungsarbeiten nach den Verbrechen des Franquismus« erhalten. Der für die *Memoria Democrática* zuständige Minister Félix Bolaños versprach, dass alle von staatlicher Seite erfolgten Verletzungen von Menschenrechten untersucht würden. Außerdem werde ein »Territorialrat für das demokratische Gedenken« *(Consejo Territorial de Memoria Democrática)* eingerichtet und der Abbau franquistischer Symbole an öffentlichen Orten forciert. Schließlich soll ein »Dokumentationszentrum für das demokratische Gedenken« *(Centro Documental de la Memoria Democrática)* in Salamanca eingerichtet werden. Der 31. Oktober ist als »Gedenktag aller Opfer von Verbrechen des Staates und der Diktatur«, der 8. Mai als »Gedenktag für die Opfer im Exil« vorgesehen. (Es handelt ich allerdings um keine arbeits- und schulfreien Feiertage.) Nachkommen von Personen, die aus politischen, ideologischen, religiösen oder sexuellen Gründen ins Exil mussten, können die spanische Staatsangehörigkeit wiedererlangen.

Der Gesetzentwurf sah auch die Anpassung curricularer Lehr- und Lerninhalte für den Schulunterricht vor; es müsse sichergestellt sein, dass die Schülerinnen und Schüler »den Kampf um demokratische Werte und Freiheiten« kennenlernen. Die Sozialisten argumentierten, dass die in der spanischen Jugend weitverbreitete Unkenntnis über Bürgerkrieg und Franquismus bildungspolitisch beendet werden müsse. Fortan müssten Lehrpläne und Schulbücher die »Unterdrückung während des Krieges und der Diktatur« zum Inhalt haben. Der *Partido Popular* kündigte sofort erbitterten Widerstand gegen diese Bestimmung in all jenen Autonomen Gemeinschaften an, in denen er regiert und damit die Kompetenz zur Regulierung des Erziehungswesens innehat. Dass die Konservativen im Falle einer Rückkehr an die Macht die meisten Bestimmungen des Erinnerungsgesetzes rückgängig machen würden, ist keine leere Drohung. Auf kommunaler und regionaler Ebene machen sie es bereits vor: Die konservative Stadtverwaltung von Burgos beispielsweise hat im Juli 2023 wenige Tage nach ihrer Konstituierung auf Druck der ultranationalistischen *Vox* die Finanzierung laufender Erinnerungsprojekte (Exhumierungen, DNA-Proben, Einrichtung eines Erinnerungsortes) beendet. Eine Dauerkonfrontation auf lokaler und regionaler Ebene steht in ganz Spanien zu erwarten.

Im Laufe des Jahres 2021 hatte sich die parlamentarische Verabschiedung des geplanten Erinnerungsgesetzes zunehmend verkompliziert. Die Regierung musste ihre gesamte Energie in die Bekämpfung des Coronavirus und die Verabschiedung eines neuen Arbeitsmarktgesetzes stecken; außerdem bröckelte die parlamentarische Unterstützung von Seiten der Befürworter des neuen Gesetzes. Die »katalanistische« Unabhängigkeitspartei *Esquerra Republicana de Catalunya* (ERC) zum Beispiel forderte für ihre Zustimmung zum Gesetz die nachträgliche Illegalisierung des gesamten franquistischen Systems und damit aller Gesetzesnormen, die dieses Regime erlassen hat, sowie die Eliminierung entscheidender Teile des Amnestiegesetzes von 1977, damit endlich eine juristische Wiedergutmachung (mit wirtschaftlichen und strafrechtlichen Folgen für diejenigen, die Verbrechen gegen die Menschlichkeit verübt haben) stattfinden könne. ERC ging es vor allem darum, der durch das Amnestiegesetz bewirkten Straflosigkeit ein Ende zu bereiten. Ihr Hauptargument lautete, Verbrechen gegen die Menschlichkeit verjährten nicht und unterlägen auch nicht dem Amnestiegesetz von 1977.

Schließlich musste die Regierung nachgeben; sie legte im November 2021 einen abermals überarbeiteten Gesetzesentwurf vor, in dem substanzielle Veränderungen des Amnestiegesetzes vorgesehen waren. Das neue Gesetz sollte einen Passus des Inhalts enthalten, dass die strafrechtliche Verfolgung von Kriegsverbrechen, von Verbrechen gegen die Menschlichkeit, Genozid und Folter in Übereinstimmung mit dem Völkerrecht nicht verjähren und auch nicht amnestiert werden können. War es bei den vorhergehenden Debatten zur Transnationalisierung der juristischen Bemühungen letztlich um ein Ende der Straflosigkeit und die strafrechtliche Verfolgung franquistischer Täter gegangen, so wurde dieses Ziel implizit durch das »Erinnerungsgesetz« von 2022 erreicht, das zwar das Amnestiegesetz von 1977 nicht abschaffte, aber die Menschenrechtsverbrechen des Franquismus für unverjährbar und nicht amnestierbar erklärte. Letzten Endes übernahm damit das Gesetz die frühere Argumentation von Richter Garzón, der schon 2010 darauf hingewiesen hatte, dass die Bürgerkriegsverbrechen »in Übereinstimmung mit dem humanitären Völkerrecht« interpretiert werden müssten, denen zufolge Menschenrechts- und Kriegsverbrechen, Völkermord und Folter nicht verjähren.

Die Regierung Sánchez begann schon vor Verabschiedung des neuen Erinnerungsgesetzes damit, die vorgesehenen Exhumierungen durchzuführen. Mehrere hundert Gräber wurden bereits 2021 mit staatlicher Beteiligung freigelegt und die Leichen exhumiert. Das neu geschaffene Staatssekretariat für die »demokratische Erinnerung« verfügte bereits in jenem Jahr über 11,6 Millionen Euro, nach Verabschiedung des Gesetzes sollte die Summe erhöht werden. Der UNO-Sonderbeauftragte zur »Förderung der Wahrheit, der Gerechtigkeit, der Wiedergutmachung«, Fabián Salvioli, der die spanischen Bemühungen zur Aufarbeitung der diktatorischen Geschichte des Landes seit langem kritisch begleitet, äußerte sich sehr positiv zur Gesetzesvorlage und hob insbesondere die Verbesserungen gegenüber dem Gesetz von 2007 hervor.

Demgegenüber bekämpften der konservative PP und die rechtsextreme *Vox* von Anfang an alle Bemühungen, ein neues Erinnerungsgesetz zu verabschieden. *Vox* kündigte an, das Gesetz vor das (konservativ beherrschte) Verfassungsgericht zu bringen, und der PP verwies darauf, dass er es, sobald er wieder an der Regierung sei, abschaffen und durch ein »Eintrachtsgesetz« *(Ley de Concordia)* ersetzen werde. Demgegenüber kritisierten die »Erinnerungsvereinigungen«, die geplante Norm greife zu kurz, und linke »katalanistische« Parteien kündigten bereits an, dem

Gesetz ihre parlamentarische Zustimmung unter anderem deswegen zu verweigern, weil es keine Maßnahmen zur Rückgabe der nach dem Bürgerkrieg beschlagnahmten Gelder und Güter an republikanische Organisationen (Gewerkschaften, Parteien, Hilfsorganisationen) vorsah. Die Regierung Sánchez verwies demgegenüber darauf, dass der neue Gesetzestext viele Maßnahmen vorsehe, die seit langem von den Verlierern des Bürgerkrieges gefordert worden waren, etwa die Annullierung franquistischer (Unrechts-)Urteile oder die Einrichtung einer Gen-Datenbank, um die Identität exhumierter Opfer leichter feststellen zu können. Außerdem bekenne sich der Staat zu seiner Verantwortung, die Suche nach den »Verschollenen« zu betreiben; das Recht auf Zugang zu den Archiven, in denen die zur Klärung der vielen franquistischen Verbrechen erforderlichen Dokumente lagerten, werde gesetzlich festgeschrieben.

Die heftigen Polemiken um das »Gesetz zur demokratischen Erinnerung« lassen erkennen, dass revisionistische Positionen auf der Rechten immer weiter um sich greifen. Angetrieben von *Vox*, hört man auch auf Veranstaltungen des *Partido Popular* unwidersprochen die alt- und neofranquistische Behauptung, nicht die putschenden Militärs hätten im Juli 1936 den Bürgerkrieg begonnen, sondern verantwortlich sei die Regierung der Republik mit ihren Provokationen und verfassungswidrigen Maßnahmen gewesen. Jahrzehnte intensiver historischer Forschung werden beiseitegeschoben, altfranquistische Mythen werden in neofranquistischem Gewand als historische Wahrheiten präsentiert. Der damalige PP-Vorsitzende Pablo Casado gab im Juli 2021 im Parlament das makabre Wortspiel zu Protokoll: »Der Bürgerkrieg war eine Auseinandersetzung zwischen denen, die eine Demokratie ohne Gesetz und jenen anderen, die das Gesetz ohne Demokratie wollten« (*El País,* 21.7.2021, 18). Die polemische Äußerung wurde zwar sofort von führenden Historikern als falsch und populistisch kritisiert; die Konservative Partei machte sie sich aber unverdrossen zu eigen. Heftige politische Auseinandersetzungen während des gesamten Gesetzgebungsverfahrens vergifteten zusehends das gesellschaftliche Klima.

Während der parlamentarischen Debatten zum Erinnerungsgesetz gerieten nicht nur linke und rechte Parteien heftig aneinander, sondern auch die linken Koalitionspartner PSOE und UP; der Hauptstreit drehte sich um das Amnestiegesetz von 1977. Während UP darauf bestand, in das Erinnerungsgesetz einen Passus einzufügen, der es juristisch ermöglichen sollte, die Verbrechen des Franquismus vor Gericht zu bringen – wie es ein Jahrzehnt zuvor schon der Untersuchungsrichter Baltasar Garzón versucht hatte –, betonte der PSOE, dass zwar das Gesetz mit dem humanitären Völkerrecht in Übereinstimmung stehen müsse, aber Strafgesetze nicht rückwirkend angewandt werden dürften. Gerade dieses Prinzip stellte UP in Frage und verwies darauf, dass das Völkerrecht schon immer Ausnahmen zugelassen habe. Genozide, Kriegsverbrechen oder Verbrechen gegen die Menschlichkeit verjährten nicht und könnten nicht amnestiert werden. Die beiden Parteien kamen zu keiner Übereinstimmung hinsichtlich der anhaltenden Gültigkeit der Amnestie. Der im Erinnerungsgesetz schließlich erzielte sprachliche Kompromiss – das Amnestiegesetz von 1977 wurde, wie weiter oben ausgeführt, nicht ausdrücklich aufgehoben – war vage genug, um verschiedene Deutungen zuzulassen und damit letztlich die parlamentarische Verabschiedung sicherzustellen.

Am 19. Oktober 2022 konnte schließlich das »Gesetz zur demokratischen Erinnerung« *(Ley de Memoria Democrática)* verabschiedet werden (vgl. den Gesetzestext: https://www.mpr.gob.es/memoriademocratica/normativa-y-otros-; letzter Aufruf 3.8.2023). Im Laufe des Gesetzgebungsverfahrens hatte der ursprünglich eingebrachte Text zwar vielerlei Veränderungen erfahren; die Hauptpunkte aber flossen in den endgültigen Gesetzestext ein (vgl. die ausführliche Analyse bei Carrillo 2022). Das Gesetz ist für den Zeitraum vom 18. Juli 1936, dem Beginn des Bürgerkrieges, bis zum 28. Dezember 1978, dem Inkrafttreten der heute gültigen Verfassung, anzuwenden. Die Präambel zum Gesetz enthält jene hermeneutischen Elemente, die nach Meinung des Gesetzgebers die Verabschiedung des Gesetzes rechtfertigen. Unter anderem heißt es dort: »Das Vergessen ist keine

Option für eine Demokratie.« Der Bürgerkrieg, der *Guerra de España* genannt wird, erfährt eine Einbettung in den internationalen Kontext seiner Zeit und wird damit gewissermaßen zu einem Vorläufer jener Aggressionen, die kurz später andere Staaten erleiden sollten; diese Aggressionen wurden dann nach dem Zweiten Weltkrieg vom Nürnberger Kriegsverbrechertribunal auf der Grundlage entsprechender UN-Resolutionen verurteilt und sind heute Teil des modernen Völkermenschenrechts. Das Gesetz wird außerdem nationalhistorisch in den 1812 (damals gegen Napoleon) begonnenen, inzwischen über zwei Jahrhunderte währenden Kampf für liberale Freiheiten eingereiht. Ausdrücklich wird darauf verwiesen, dass der »Staatsstreich« vom 18. Juli 1936 den demokratischen Prozess des Landes unterbrochen habe, der mit der Ausrufung der Zweiten Republik 1931 und der Verabschiedung ihrer fortschrittlichen Verfassung eingesetzt hatte. Hervorgehoben wird außerdem, dass das Franco-Regime von Anfang an eine umfassende, ideologisch ausschließende Erinnerungspolitik betrieben habe, die alle besiegten Opfer ausschloss, kriminalisierte und stigmatisierte, während es in seiner totalitären Haltung die gefallenen oder verwundeten Unterstützer des Putsches anerkannte und umfassende Wiedergutmachungsleistungen erbracht hat.

Im ausführenden Teil des Gesetzes werden alle von franquistischen Gerichten aus politisch-ideologischen Gründen gesprochenen Urteile annulliert; die Urteile seien von Anfang an »ungültig« *(nulas)* gewesen, die damaligen Gerichtshöfe und das gesamte franquistische Regime werden als »illegal« bezeichnet. Neue finanzielle Wiedergutmachungszahlungen sind aber nicht vorgesehen. Alle Opfer des Franquismus haben Anspruch auf »Untersuchung der [an ihnen begangenen] Menschenrechtsverletzungen«. Hierzu wird eigens eine Staatsanwaltschaft »für Menschenrechte und demokratische Erinnerung« geschaffen. Die Suche nach den sterblichen Überresten von standrechtlich Erschossenen und »Verschwundenen« wird ausdrücklich als Aufgabe des Staates bezeichnet. Dieser wird eine DNA-Datenbank einrichten, um die Identifizierung anonymer Leichen zu erleichtern. (Schon im Dezember 2022 erneuerte die Regierung die Exhumierungsarbeiten in den Krypten der Basilika im – inzwischen umbenannten – *Valle de Cuelgamuros,* die von profranquistischen Gruppen und der amtsrechtlich zuständigen konservativen Lokalverwaltung des Ortes San Lorenzo de El Escorial viele Monate lang juristisch paralysiert worden waren.) Betroffene von Zwangsentäußerungen durch den franquistischen Siegerstaat (Einzelpersonen und Institutionen) können ihre Ansprüche auf Wiedererlangung ihres früheren Besitzes anmelden und auf entsprechende Entschädigung seitens des Staates klagen.

Mehrere Orte und Denkmäler, die an den Kampf um die Demokratie in Spanien erinnern, sollten zu offiziellen »Erinnerungsorten« erhoben werden, während all jene Bezeichnungen, die auf den Militärputsch von 1936, die Diktatur und das repressive System des Franquismus Bezug nahmen, abgeschafft werden sollten. In Ausführung dieser Gesetzesbestimmung wurde im April 2023 als Geste »wiedergutmachender Justiz« *(justicia restaurativa)* die baskische Ortschaft Gernika am 86. Jahrestag ihrer Bombardierung durch die Legion Condor zum »ersten Erinnerungsort« des Landes erklärt.

Des Weiteren wurden als neue Inhalte für den Schulunterricht all jene Aspekte definiert, die die franquistische Repression thematisieren – eine Maßnahme, die vom *Partido Popular* und von *Vox* sogleich auf das heftigste abgelehnt wurde, da sie angeblich reine »Indoktrinierung« sei. Schließlich verfügte das Gesetz, dass allen Angehörigen des staatlichen Repressionsapparates sämtliche Auszeichnungen, Privilegien und Adelstitel aberkannt würden, die sie in Ausübung ihrer Ämter während des Franquismus erhalten hatten; das Innenministerium setzte diese Verfügung bereits im Dezember 2022 durch.

Das Gesetz verfügt auch die Auflösung der 1957 per Dekret geschaffenen »Stiftung Heiliges Kreuz des Tals der Gefallenen« *(Fundación de la Santa Cruz del Valle de los Caídos),* die bis dahin für das gesamte Ensemble verantwortlich zeichnete. Die damit zusammenhängenden juristischen Fragen sollten per Dekret geklärt werden. Das »Tal von Cuelgamuros« sollte neuen staatsbürgerlichen Zwecken zugeführt werden. Der Benediktinerorden, der seit der Einweihung des *Valle* im Jahr 1959 den gesamten Komplex verwaltet hatte und zu den schärfsten Gegnern irgendeiner Veränderung unter demokratischen Gesichtspunkten zählte, musste die Anlage verlassen. Während das Erinnerungsgesetz von 2007 bei Zuwiderhandlungen gegen die Bestimmungen des damaligen Gesetzes keinerlei Sanktionen vorgesehen hatte, kann seit 2022 das »Staatssekretariat für das demokratische Gedächtnis« bei Behinderung der gesetzlichen Bestimmungen oder Zuwiderhandlung Strafen von bis zu 150.000 Euro verhängen, zum Beispiel wenn Massengräber des Bürgerkrieges und der Diktatur vernichtet werden.

Schlussbetrachtung: Gedenkkulturen im Widerstreit

★ Die spanische Erfahrung mit ihrer harten innenpolitischen und innergesellschaftlichen Konfrontation hat sich als Besonderheit erwiesen, die in einer rund 35-jährigen Diktaturgeschichte perpetuiert und erst durch die Transition allmählich überwunden wurde. Zwar herrschte am Anfang der neuen spanischen Demokratie ein Grundkonsens der damaligen politischen Lager, aber Kriegs- und Diktaturbewältigung zählen in Spanien bis heute nicht zu den Selbstverständlichkeiten der politischen Kultur des Landes. Zuerst bestand in Fragen des Beschweigens der konfliktiven Vergangenheit ein überparteilicher Konsens. Inzwischen verweigert sich der Vergangenheitsarbeit (offensichtlich aus wahltaktischen und parteipolitischen Gründen) nur noch das konservative und ultrarechte Lager – dieses allerdings heftiger denn je. Die neue Popularität des Erinnerns, der sich nach längerem Zögern auch die Sozialisten angeschlossen haben, hat paradoxerweise jedoch die Aussichten auf einen Erinnerungskonsens eher erschwert. Die Erinnerungsdebatten dürften noch lange Zeit andauern.

Seit dem Bürgerkriegsbeginn sind inzwischen 87 Jahre vergangen, und immer noch ist das Land über die Deutung der Vergangenheit tief gespalten. Trotzdem ist in den vergangenen zwei Jahrzehnten die gesellschaftliche Auseinandersetzung mit Krieg und Diktatur – ebenso wie in vielen anderen europäischen Ländern – zu einem Signum der Zeit geworden. Und ungeachtet der jeweiligen Tiefe sowie der unterschiedlichen Ebenen der Aufarbeitung – moralisch, politisch, justiziell – ist es heute weitgehend unstrittig, dass von dieser überwiegend positive Impulse für die demokratische Konsolidierung eines Gemeinwesens zu erwarten sind. Denn die Aufarbeitung der Vergangenheit – so die Annahme – schafft Vertrauen: Vertrauen in die Mitmenschen, soweit es gelingt, Opfer und Täter in ausreichendem Maße mit einzubeziehen; Vertrauen aber auch in die Institutionen des Rechtsstaats, der sich je nach Ursprung und Legitimität vor allem gegenüber den jeweiligen Opfern vergangener Gewalt bewähren muss. Zwar ist der empirische Nachweis eines gesellschaftlichen Vertrauensgewinns aus dieser Aufarbeitung und Auseinandersetzung nicht leicht zu führen, da der Vertrauensbegriff an sich schwer zu operationalisieren ist. Zumindest aber der negative Zusammenhang, das heißt die nachteiligen Folgen beschwiegener Vergangenheit für das demokratische Zusammenleben, ist von Wissenschaftlerinnen und Wissenschaftlern für verschiedene Länder längst auch empirisch belegt worden.

Schwer zu beantworten bleibt die Frage, ob – und wenn ja, welche – Auswirkungen das jahrelange Beschweigen der Vergangenheit auf die Qualität der spanischen Demokratie hatte und hat. Neben der Kontinuität weitverbreiteter politischer Korruption und des autoritären Gebarens von Politikern und Parteien beklagen Politik- und Sozialwissenschaftler regelmäßig den niedrigen Grad politischer Partizipation und (zivil-)gesellschaftlicher Organisation. Seit jener »Enttäuschung«, dem *desencanto* großer, politisch besonders aktiver Teile der Bevölkerung nach Abschluss des demokratischen Übergangs, zeichnete sich die Zivilgesellschaft in Spanien längere Zeit durch einen eher niedrigen Organisations- und Mobilisierungsgrad aus. Erst seit den

2010er-Jahren kam es in der Folge der gewaltigen Wirtschafts- und Finanzkrise von 2008 zu massiven Demonstrationen und Unmutsbekundungen, zur Aufsplitterung des Parteiensystems, zu zentrifugalen Bewegungen und einer allgemeinen Instabilität des politischen Lebens, die bis heute anhält. Gestiegen ist außerdem die Unzufriedenheit beachtlicher Teile der Bevölkerung mit der Arbeit der verschiedenen demokratischen Regierungen und der Funktionsweise des politischen Systems überhaupt sowie das geringe gesellschaftliche Ansehen der politischen Institutionen (Parlament, politische Parteien, Regierung).

Im Gegensatz zu diesen Einstellungen erfreute und erfreut sich die Demokratie einer relativ hohen Zustimmung, ebenso wie die Verfassung von 1978. Allerdings erfährt im Mehrheitsempfinden der Bevölkerung die Art des demokratischen Übergangs, die ja das Ausblenden der Vergangenheit einst bewusst begründete und den Eliten des Franquismus ihre sozioökonomische Stellung sicherte, immer weniger vorbehaltlose Zustimmung. War in den ersten Jahrzehnten nach Francos Tod die Ausklammerung der im Krieg und in der Nachkriegszeit begangenen Verbrechen um der Stabilität der entstehenden Demokratie willen noch weitgehend akzeptiert worden, so änderte sich diese Haltung rund ein Vierteljahrhundert nach dem Tod des Diktators. Seither wird immer deutlicher und von immer größeren Bevölkerungskreisen eine rückhaltlose Aufklärung der franquistischen Verbrechen gefordert. Allerdings sieht es so aus, als ob sich in Spanien die verschiedenen politischen und gesellschaftlichen Lager noch lange unversöhnlich gegenüberstehen und in der wichtigen Frage der Vergangenheitsaufarbeitung nicht miteinander kooperieren werden.

Eine würdige Bestattung der Toten gehört zu den jahrtausendealten Ritualen der europäischen Kulturgeschichte. Geradezu »klassisch« ist – im 24. Gesang von Homers *Ilias* – die Szene zwischen Priamos und Achilleus (Homer 2010, 523–549): Priamos gelangt mit Hilfe der Götter in das Zelt des Achilleus und bittet diesen, ihm den Leichnam seines Sohnes Hektor zu übergeben, damit dieser würdevoll bestattet werden könne. Zuerst weigert sich der erzürnte Achilleus, da Hektor ja den von ihm geliebten Patroklos getötet hat. Erst als der alte Priamos Achilleus an seinen gottähnlichen Vater erinnert und ihm klarmacht, dass er nicht nur gegen menschliche, sondern auch gegen göttliche Gesetze verstoße, wenn er den Leichnam nicht zur Bestattung freigebe, überlässt Achilleus unter Tränen den Leichnam Hektors dem trauernden Priamos zur Bestattung.

In manchem Kommentar zur spanischen Debatte über die Vergangenheitsaufarbeitung, in der es zentral um die würdevolle Bestattung hingerichteter Familienangehöriger ging und geht, wurde auf dieses jahrtausendealte Gründungsepos der westlichen Literatur hingewiesen und die Bedeutung hervorgehoben, die eine würdevolle Bestattung für Tote und Lebende hat. Eine angemessene Bestattung zu verhindern stellt eine Verletzung einer der ältesten und moralischsten Normen der Weltgeschichte dar. Jedes spanische Schulkind sollte bei seiner Einschulung ein Gratisexemplar von Homers *Ilias* überreicht bekommen.

Ausblick: Mythen und die Zukunft der Erinnerungsarbeit

★ Ende Juli 2023 fanden in Spanien vorgezogene Parlamentswahlen statt. Entgegen allen Vorhersagen erzielten die rechten Parteien (PP, *Vox*) keine parlamentarische Mehrheit; allerdings hatte die von den Sozialisten mit der Sammelbewegung *Sumar* geplante Koalitionsregierung auch keine Mehrheit. Zum Zeitpunkt des Redaktionsschlusses dieses Bandes (Ende August 2023) war noch nicht vorherzusehen, welchem Lager schließlich die Regierungsbildung gelingen oder ob es Anfang 2024 zu Neuwahlen kommen würde. Aber unabhängig davon lässt sich als Ausblick in die nächste Zukunft des Landes sagen:

Die Gedenkkultur des Landes bleibt auch in Zukunft heftig umstritten. Die Konservativen des PP stellen – allein oder in Koalition mit den Ultranationalisten von *Vox* – heute schon in der Mehrzahl der Autonomen Gemeinschaften und in vielen Kommunen die Regierungen und können somit in vielen Teilen des Landes die Erinnerungspolitik bestimmen. Gelingt den Konservativen schließlich auch noch die Regierungsbildung in Madrid, dann wird das weitere Auswirkungen auf die Gedenkkultur des

Landes haben. Die von der linksorientierten Vorgängerregierung praktizierte Erinnerungspolitik wird sofort beendet werden. PP und *Vox* haben dies im Wahlkampf lautstark angekündigt. Zuallererst wird das »Gesetz zur demokratischen Erinnerung« ausgehebelt werden, da es angeblich – so der PP – »gegen den Geist der Transition verstößt« und eine »Schande« darstellt. Besonders aggressiv führt sich die Partei *Vox* auf, derzufolge das Erinnerungsgesetz, das sie ein »Gesetz zur Abschaffung der Freiheit« nennt, die »Gegnerschaft und Spaltung der Spanier« fördere und eine »totalitäre Fehlleistung« sei; alle Sonderstaatsanwaltschaften – etwa die für die »demokratische Erinnerung« und die für »Gewalt gegen Frauen« – sollen eliminiert werden.

Da die Konservativen seit dem Frühjahr 2023 in zahlreichen Autonomen Gemeinschaften die Regionalregierungen stellen, können sie auf regionaler und lokaler Ebene ihre Macht zur Rückgängigmachung oder Änderung regionaler und lokaler Erinnerungspolitiken jetzt schon ausspielen. In etlichen Fällen haben sie damit trotz heftigen Widerstandes seitens zivilgesellschaftlicher Erinnerungsorganisationen bereits begonnen. In der Autonomen Gemeinschaft Aragonien zum Beispiel kamen im Sommer 2023 PP und *Vox* in ihrem Koalitionsvertrag überein, als Erstes das regionale »Gesetz zur demokratischen Erinnerung« (von 2018) für ungültig zu erklären; der in dieser Frage anfangs noch unschlüssige PP hat schließlich (ebenso wie in Extremadura) dem brachialen Drängen der in der Erinnerungsfrage geradezu obsessiven Partei *Vox* nachgegeben – und das in einer Autonomen Gemeinschaft, auf deren Gebiet der Bürgerkrieg besonders brutal wütete und bis heute 10.000 Tote auf Exhumierung aus über 600 anonymen Massengräbern warten (vgl. Casanova et al. 1992). Und in Andalusien, wo der PP seit 2018 (inzwischen mit absoluter Mehrheit) regiert, hat die konservative Regionalregierung jegliche Erinnerungsarbeit eingestellt und behindert, wo immer möglich, die Aktivitäten der Erinnerungsvereine. Gleiches gilt, wie weiter oben ausgeführt, für andere Autonome Gemeinschaften.

Hinter der Zurückweisung jeglicher Erinnerungspolitik von Seiten der nationalistischen Rechten steht nicht nur der Versuch, im heutigen Spanien die Meinungsführerschaft im ideologisierten Vergangenheitsdiskurs über Bürgerkrieg und Franquismus zu erlangen; die eigentliche Absicht reicht viel weiter und lässt sich besonders klar an den Proklamationen von *Vox* aufzeigen. Der französische Soziologe Maurice Halbwachs hat – über das Individuum hinaus – nach den gesellschaftlichen Bedingungen des Erinnerns gefragt. Er betont die Bedeutung des »sozialen Rahmens«, der das gemeinsame Gedächtnis zusammenhält und zugleich festlegt, was in das nationale Gedächtnis eingeschlossen und was ausgeschlossen wird (vgl. Halbwachs 2008). Die spanischen Nationalisten schlagen ein nationales Narrativ vor, das – unter Missachtung jahrzehntelanger seriöser historischer Forschung – einen »sozialen Rahmen« (im Sinne von Halbwachs) entwirft, der ein agonales Selbstbild Spaniens aufnimmt und die angeblich traditionellen Werte des Landes veranschaulichen sowie die unitaristischen Ziele der Politik festlegen soll. Dabei ist die Konstruktion nationaler Mythen von entscheidender Bedeutung, da Mythen Ereignisse der Vergangenheit in einer nationalistischen Perspektive gegenwärtig halten und mit ihrer monologischen Deutung auch den Normenkanon der heutigen Gesellschaft festlegen.

Das Spanienbild der Ultranationalisten – in Teilen auch das des *Partido Popular* – benötigt eine zusammenhängende und begeisternde Historie, um ihr nationales Narrativ mit Glanz präsentieren zu können. Kein historisches Ereignis eignet sich hierzu besser als die *Reconquista,* in deren Verlauf angeblich die schließlich siegreichen Christen die ungläubigen Mauren von der Halbinsel vertrieben und die – teleologisch gedeutet – in das identitätsbildende nationale Wunderjahr 1492 mündete. Der Parteichef von *Vox* bezieht sich in seinen Reden immer wieder auf die »Schlacht von Covadonga« im Jahr 718, die in der nationalistischen Historiographie zum Beginn der »Rückeroberung *[Reconquista]* Spaniens von den Mauren« stilisiert worden ist. Im Gegensatz zu den Vorstellungen von *Vox* eignen sich aber weder die *Reconquista* noch die Schlacht von Covadonga als Grundlage eines verbindlichen nationalen Narrativs für Spanien.

Denn ob es die Schlacht von Covadonga in der heroisch proklamierten Form und vor allem in dem von spanischen Nationalisten reklamierten Ausmaß überhaupt gegeben hat, ist in der Geschichtswissenschaft umstritten. In der nationalistischen Geschichtsklitterung des Franquismus musste sie jedoch als Geburtsstunde Spaniens herhalten. Und die *Reconquista* war keineswegs ein edler Kampf der Christen, die geschlossen vom Norden Spaniens aus ununterbrochen einen siegreichen Kreuzzug gegen die ungläubigen Muslime führten, bis sie schließlich 1492 mit der Einnahme Granadas das Land unter der segensreichen Herrschaft der »Katholischen Könige« Ferdinand und Isabella einten. Die rund acht Jahrhunderte von 718 bis 1492 waren vielmehr eine lange Zeitspanne eines iberischen »Bürgerkrieges« mit wechselnden Allianzen (auch zwischen Christen und Muslimen), langen kampflosen Zwischenphasen bei weitgehend friedlichem Zusammenleben der monotheistischen Religionen, Seitenwechseln und Intrigen. Und das Spanien der »Katholischen Könige« war keineswegs die Keimzelle einer »modernen« spanischen Nation, sondern eine Matrimonialunion in einer »zusammengesetzten« Monarchie, deren einzelne Reichsteile noch jahrhundertelang erhebliche Unterschiede aufwiesen. Historiker streiten bis heute über den verspäteten *nation-building*-Prozess Spaniens.

Dieses historisch differenzierte Bild der *Reconquista* und der spanischen Geschichte eignet sich aber nicht zur Konstruktion einer linearen Nationalgeschichte. Daher konstruieren die Nationalisten eine »andere« Geschichte, nämlich den Mythos eines geeinten Spanien, dessen nationale Charakteristika sich aus ihrer glorreichen Vergangenheit herleiten lassen (zur politischen Instrumentalisierung der Vergangenheit durch die Rechte vgl. Rodrigo 2004): Politische Einheit und kulturell-religiöse Eintracht sind Kernelemente dieses verzerrten Geschichtsbildes. Der *Vox*-Vorsitzende hat auch keinerlei Skrupel zuzugeben, dass ihn historische Korrektheit nicht interessiere, sondern dass es ihm um den Mythos der einzigartigen Vergangenheit gehe, denn nur der Mythos besitze die Kraft der Mobilisierung, die nationale Gefühle und Identitätsbewusstsein bewirke und mit keinem anderen politischen Prinzip vergleichbar sei (Abascal 2005).

Derartige Mythen sind simpel, aber zugkräftig. Sie stehen insofern mit der Moderne in Konflikt, als die verschiedenen Varianten von Modernität historischen Fortschritt mit Säkularisierung, Individualisierung und Ausdifferenzierung von Wertsphären gleichsetzen. Derartige Prozesse werden von den natio-

Vor Jahren schon hat Aleida Assmann darauf hingewiesen, dass historische Mythen hemmungslos für nationalistische Zwecke ausgeschlachtet werden. Auch die spanische Rechte setzt das Narrativ der einigen Nation für ihre (Rezentralisierungs-)Politik ein.

nalistischen Mythenbildnern abgelehnt, da sie eine Haltung der Einsicht und der Selbstkritik, der Verantwortung und Empathie für die Opfer der eigenen Geschichte fordern und fördern.

Vor Jahren schon hat Aleida Assmann darauf hingewiesen, dass historische Mythen hemmungslos für nationalistische Zwecke ausgeschlachtet werden (Assmann 2020). Auch die spanische Rechte setzt das Narrativ der einigen Nation für ihre (Rezentralisierungs-)Politik ein und beklagt, die Schlacht von Covadonga und die traditionelle Sicht der *Reconquista* in Frage zu stellen, gehe ausschließlich auf die »Lügenpresse« und den »Unrat der historischen Erinnerung« zurück. Sobald die nationale Rechte wieder an der Macht sei, werde sie die irregeleiteten Sichtweisen eliminieren und Spanien wieder »groß« machen – jenes Spanien, das zur Zivilisation und zur Weltentwicklung enorm viel beigetragen habe und an dessen Geschichte nichts auszusetzen sei. Das Land habe im Lauf seiner Geschichte stets edel und großzügig gehandelt; wenn es zu Konflikten gekommen sei, dann sei das auf die Rankünе übelwollender Feinde zurückzuführen gewesen. Die bestehende Nation mache den Einheitsstaat erforderlich, der die politisch-administrative Struktur kontrolliere und verteidige. Abtrünnige und Kritiker des überkommenen Systems politischer Einheit und kulturell-religiöser Eintracht haben in dieser Staatsnation nichts verloren.

Hier schließt sich der Kreis mythisierter Geschichtsbetrachtung und Ablehnung jeglicher Erinnerungsarbeit, die in der Sicht der spanischen Nationalisten nur Abweichungen vom politischen Einheitsgedanken und von der postulierten kulturell-religiösen Eintracht hervorbringen kann. Konsequenterweise hat *Vox* inzwischen gegen das »Gesetz zur demokratischen Erinnerung« beim spanischen Verfassungsgericht Klage eingereicht, da es angeblich die »Versammlungs-, Demonstrations- und Lehrfreiheit« verletze. Unabhängig von den jeweiligen politischen Mehrheitsverhältnissen: Der Kampf um die Erinnerung bleibt politisiert und wird die spanische Gesellschaft noch lange spalten.

Literatur

ABASCAL, Santiago (2005): La farsa de la autodeterminación. Barcelona: Altera.

AGUILAR FERNÁNDEZ, Paloma (1996): Memoria y olvido de la Guerra Civil española. Madrid: Alianza.

– (2001): Justicia, política y memoria. Los legados del franquismo en la transición española. Madrid: Instituto Juan March.

– (2007): »Los debates sobre la Memoria Histórica«, in: Claves de Razón Práctica, 172, 64–68.

AGUILAR FERNÁNDEZ, Paloma / PAYNE, Leigh A. (2016): Revealing New Truths about Spain's Violent Past. Perpetrators' Confessions and Victim Exhumations. London: Palgrave MacMillan.

ALTED VIGIL, Alicia (1984): Política del Nuevo Estado sobre el patrimonio cultural y la educación durante la Guerra Civil Española. Madrid: Ministerio de Cultura.

ANDRÉS SANZ, Jesús de (2004): »Las estatuas de Franco y la memoria histórica del franquismo«, in: Historia y política, 12, 161–186.

ARAMBURU, Fernando (2016): Patria. Madrid 2016 (dt. Übs. Hamburg: Rowohlt 2018).

ARCO BLANCO, Miguel Ángel del (2022): Cruces de Memoria y Olvido. Los monumentos a los caídos de la Guerra Civil Española (1936–2021). Barcelona: Crítica.

ARMH [Asociación para la Recuperación de la Memoria Histórica]: https://memoriahistorica.org.es/ (01-02-2010)

ASSMANN, Aleida (2020): Die Wiedererfindung der Nation. Warum wir sie fürchten und warum wir sie brauchen. München: Beck.

BEDMAR GONZÁLEZ, Arcángel (2003): »Las sombras de la historia«, in: Arcángel Bedmar González (Hg.): Memoria y olvido sobre la Guerra Civil y la represión franquista. Lucena: Ayuntamiento.

BENET, José (1986): »Las libertades secuestradas«, in: Ramón Tamanes (Hg.): La guerra civil española, 50 años después. Una reflexión moral. Barcelona: Planeta, 101–113.

BERNECKER, Walther L. (2003): »Entre la historia y la memoria: Segunda República, Guerra Civil española y primer franquismo«, in: Iberoamericana, 11, 227–238.

– (2018): Spaniens Geschichte seit dem Bürgerkrieg. München: Beck.

– (2019): »Erinnerungskulturen im Widerstreit«, in: INDES H. 72–79.

– (2020): »La memoria histórica en España: un pasado más actual que nunca«, in: Versants 67, 3, 119–141.

– (2021): »Superación del pasado y memoria histórica: similitudes y diferencias entre Alemania y España«, in: Memoria y Narración, 2, 2021, 3–23. https://journals.uio.no/MyN/index

BERNECKER, Walther L. / BRINKMANN, Sören (2011): Kampf der Erinnerungen. Der Spanische Bürgerkrieg in Politik und Gesellschaft 1936–2010. Nettersheim: Verlag Graswurzelrevolution.

CABRERA, Marta (2014): La impunidad de los crímenes cometidos durante el franquismo. Madrid: AEDIDH.

CALLEJA, José María (2009): El Valle de los Caídos. Madrid: Espasa.

CARRILLO, Marc (2022): »La Memoria y la calidad democrática del Estado. (Comentario a la Ley 20/2022, de 19 de octubre, de Memoria Democrática«, in: Revista de las Cortes Generales 114, 183–229.

CASANOVA, Julián (2008): »Pasado y presente de la Guerra Civil Española«, in: Historia Social, 60, 113–127.

CASANOVA, Julián et al. (1992): El Pasado oculto: fascismo y violencia en Aragón (1936–1939). Madrid: Siglo XXI

CASANOVA, Julián (Hg.) (2002): Morir, matar, sobrevivir. La violencia en la dictadura de Franco. Barcelona: Crítica.

CAZORLA, Bertrán (2009): »La Generalitat pagará en Cataluña la localización de fosas«, in: El País, 18. Juni 2009, 17.

CIRICI, Alexandre (1977): La estética del franquismo. Barcelona: Gustavo Gili.

DEJUNG, Christof (2008): »Oral History und kollektives Gedächtnis. Für eine sozialhistorische Erweiterung der Erinnerungsgeschichte«, in: Geschichte und Gesellschaft, 34, 96–115.

DEL AGUILA, Rafael (2006): »Desmemoria y rememoración: la guerra y el franquismo hoy«, in: Historia y Política, 16, 183–206.

DESPAGE [Desaparecidos de la Guerra Civil y el Exilio Republicano] (o.J.): http://www.nodo50.org/despage/ (01-02-2010).

DIARIO PÚBLICO (Hg.) (2008): Garzón contra el Franquismo. Los autos íntegros del juez sobre los crímenes de la dictadura. Madrid: Diario Público.

ELORDI, Carlos (Hg.) (2002): Los años difíciles. El testimonio de los protagonistas anónimos de la guerra civil y la posguerra. Madrid: Aguilar.

ESCUDERO ALDAY, Rafael (Hg.) (2011): Diccionario de memoria histórica. Conceptos contra el olvido. Madrid: Catarata.

ESCUDERO ALDAY, Rafael / MARTÍN PALLÍN, José Antonio (Hgg.) (2008): Derecho y memoria histórica. Madrid: Trotta.

ESCUDERO ALDAY, Rafael u.a. (2013): Qué hacemos para reparar a las víctimas, hacer justicia, acabar con la impunidad y por la construcción de la memoria histórica. Madrid: Akal.

ESCUDERO ALDAY, Rafael/PÉREZ, Carmen (Hgg.) (2013): Desapariciones forzadas, represión política y crímenes del franquismo. Madrid: Trotta

FERNÁNDEZ-CREHUET LÓPEZ, Federico/GARCÍA LÓPEZ, Daniel J. (Hgg.) (2009): Derecho, Memoria Histórica y Dictaduras. Granada: Ed. Comares.

FERRÁNDIZ, Francisco (2011): »Guerras sin fin: guía para descifrar el Valle de los Caídos en la España contemporánea«, in: Política y Sociedad, Bd. 48, Nr. 3, 481–500.

– (2014): El pasado bajo tierra: exhumaciones contemporáneas de la guerra civil. Barcelona: Anthropos.

FISCHER, Thomas (2023): »Zum Umgang mit gewaltsamer Vergangenheit in Transitional Justice und Geschichte«, in: Daniel Gerster (Hg. u.a.): Historische Friedens- und Konfliktforschung. Die Quadratur des Kreises? Frankfurt am Main: Campus, 253–285.

GÁLVEZ BIESCA, Sergio (2006): »El proceso de la recuperación de la ›memoria histórica‹ en España: una aproximación a los movimientos sociales por la memoria«, in: International Journal of Iberian Studies, 1, 19, 25–51.

GANZENMÜLLER, Jörg (Hg.) (2017): Recht und Gerechtigkeit. Die strafrechtliche Aufarbeitung von Diktaturen in Europa. Köln: Böhlau.

GIBSON, Ian (1980): En busca de José Antonio. Barcelona: Planeta.

GIMBER, Arno/RODRÍGUEZ, José Manuel (2012): »Niños robados y adopciones forzadas. Su presencia en la memoria colectiva en España y Alemania«, in: Werner Altmann (Hg.): Historia hispánica. Su presencia y (re)presentación en Alemania, Berlin: ed. tranvía, 15–28.

GINARD i FÉRON, David (2009): »La represión contra los vencidos y los resistentes en la posguerra española (1939–

1948)«, in: Margalida Capellà/David Ginard (Hgg.): Represión política, justicia y reparación. Palma de Mallorca: Edicions Documenta Balear, 43–102.

GONZÁLEZ SORIANO, José Antonio (2018): »Das Recht auf Erinnerung«, in: Politisches Lernen 3–4, 2018, 36–43.

HALBWACHS, Maurice (2008): Das Gedächtnis und seine sozialen Bedingungen. Frankfurt am Main: Fischer

HERNÁNDEZ SÁNCHEZ, Fernando (2017): »Pasado indefinido, presente imperfecto: la enseñanza de la historia del corto siglo XX en las aulas«, in: Angel Viñas/Juan Andrés Blanco (Hgg.): La Guerra Civil española, una visión bibliográfica. Madrid: Marcial Pons.

HERREROS, Isabelo (1995): Mitología de la Cruzada de Franco. El Alcázar de Toledo. Madrid: Vosa.

HOERES, Peter/KNABE, Hubertus (Hgg.) (2023): After Dictatorship. Instruments of Transitional Justice in Post-Authoritarian Systems. Berlin: De Gruyter.

HOMER (2010): Ilias Odyssee. Übs. von Johann Heinrich Voß. Stuttgart: Reclam.

IBÁÑEZ FANÉS, Jordi (2009): »Perdonen que insista sobre la memoria«, in: El País, 20. April 2009, 27.

INGENDAAY, Paul (2021): »Für Lebende und Tote«, in: Frankfurter Allgemeine Zeitung, 6. September 2021, 11.

JULIÁ, Santos (1996): »Raíces y legados de la transición«, in: Santos Juliá/Javier Pradera/Joaquín Prieto (Hgg.): Memoria de la transición. Madrid: Taurus, 679–682.

– (2002): »Echar al olvido. Memoria y amnistía en la transición«, in: Claves de razón práctica, 129, 14–24.

– (2007): »De nuestras memorias y de nuestras miserias«, in: Dossier monográfico de Hispania Nova. Revista de Historia Contemporánea, 7, 779–798. http://hispanianova.rediris.es.

– (Hg.) (2004): Víctimas de la guerra civil. Madrid: Temas de Hoy.

– (Hg.) (2006): Memoria de la guerra y del franquismo. Madrid: Taurus.

JUNQUERA, Natalia (2009a): »Las autonomías se niegan a asumir la apertura de fosas«, in: El País, 15. Mai 2009, 20.

– (2009b): »Una juez de Zamora, primera en abrir una fosa de la guerra«, in: El País, 27. Mai 2009, 19.

– (2009c): »El tiempo se acaba para las víctimas de Franco«, in: El País, 8. Juni 2009, 40.

KABLITZ, Andreas (2006): »Geschichte – Tradition – Erinnerung? Wider die Subjektivierung der Geschichte«, in: Geschichte und Gesellschaft, 32, 220–237.

KAVČIČ, Silvija (Hg. u. a.) (2021): Steine des Anstoßes. Die Stolpersteine zwischen Akzeptanz, Transformation und Adaption. Berlin: Metropol-Verlag.

KÖHLER, Holm-Detlev (1986): »Der traumatische Bürgerkrieg«, in: Kommune, 11, 26–29.

LAFUENTE, Isaías (2003): Esclavos por la patria. La explotación de los presos bajo el franquismo. Madrid: Temas de Hoy.

LEDESMA, José Luis / RODRIGO, Javier (2006): »Caídos por España, mártires de la libertad. Víctimas y conmemoración de la Guerra Civil en la España posbélica (1939–2006)«, in: Ayer 63, 3, 2006, 233–255.

LLORENTE HERNÁNDEZ, Ángel (1995): Arte e ideología en el franquismo (1936–1951). Madrid: Visor.

– (2002): »La construcción de un mito. La imagen de Franco en las artes plásticas en el primer franquismo (1936–1945)«, in: Archivos de la Filmoteca. Materiales para una iconografía de Francisco Franco, 42/43, 1, Valencia: Generalitat, 47–75.

LÓPEZ VILLAVERDE, Angel Luis (2014): »La cultura de la memoria. Nuevo balance bibliográfico«, in: Studia historica. Historia contemporánea 32, 39–56.

LOSADA, Juan Carlos (2005): Los mitos militares en España: la historia al servicio del poder. Madrid: Biblioteca Nueva.

MADALENA CALVO, José I. (1988): »Los Lugares de Memoria de la guerra civil en un centro de poder: Salamanca, 1936–1939«, in: Julio Aróstegui (Hg.): Historia y memoria de la Guerra Civil. Encuentro de Castilla y León, Bd. 2. Valladolid: Junta de Castilla y León, 487–549.

MARDONES, I. G. (1996): »Los brigadistas tienen tres años de plazo para pedir la ciudadanía española«, in: El País, 6. März 1996. www. elpais.com/articulo/espana (01-02-2010).

MARTÍN PALLÍN, José Antonio (2009): »Los muertos han aprendido a esperar«, in: El País, 20. März 2009, 31.

MARTÍNEZ BANDE, José (1983): Los asedios. Madrid: San Martín.

MEDINA DOMÍNGUEZ, Alberto (2001): Exorcismos de la historia. Políticas y poéticas de la melancolía en la España de la transición. Madrid: Libertarias.

MIHR, Anja (Hg. u.a.) (2018): Handbuch Transitional Justice. Aufarbeitung von Unrecht – hin zur Rechtsstaatlichkeit und Demokratie. Wiesbaden: Springer VS.

MOA, Pío (1999): Los orígenes de la Guerra Civil española. Madrid: Encuentro.

– (2004a): Los crímenes de la Guerra Civil y otras polémicas. Madrid: La Esfera de los Libros.

– (2004b): Los mitos de la Guerra Civil. Madrid: La Esfera de los Libros.

MOLINERO RUÍZ, Carme (2007): »La política de reconciliación nacional. Su contenido durante el franquismo, su lectura en la Transición«, in: Ayer, 66, 2, 201–225.

MORÁN, Gregorio (1992): El precio de la transición. Barcelona.

MORENO, José Antonio (2006): »La memoria defraudada. Notas sobre el denominado proyecto de Ley de Memoria«, in: Sergio Gálvez (Hg.): Generaciones y memoria de la represión franquista: un balance de los movimientos por la memoria, Dossier monográfico de Hispania Nova. Revista de Historia Contemporánea, 6, 711–722. http://hispanianova.rediris.es (01-02-2010).

MUÑOZ MOLINA, Antonio (1995): »La nacionalidad del infortunio«, in: El País, 29. Oktober 1995.

NORA, Pierre (1990): Zwischen Geschichte und Gedächtnis. Berlin: Klaus Wagenbach.

NÚÑEZ-SEIXAS, Xosé-Manoel (2021): »Der ›Krieg der Erinnerung‹ in Spanien. Zum Stand der Debatte«, in: Zeitschrift für Geschichte, 69, 12, 1005–1023.

– (2019): Die bewegte Nation. Der spanische Nationalgedanke 1808–2019. Hamburg: Hamburger Edition.

PAGÈS, Pelai (2009): »La represión franquista durante la Guerra Civil«, in: Margalida Capellà/David Ginard (Hgg.): Represión política, justicia y reparación. Palma de Mallorca: Edicions Documenta Balear, 19–42.

PALOP, María Eugenia R. (2017): »La desmemoria histórica del Partido Popular«, in: eldiario.es del 6. April 2017.

PASAMAR, Gonzalo (Hg.) (2014): Ha estallado la memoria. Las huellas de la Guerra Civil en la Transición a la Democracia. Madrid: Biblioteca Nueva.

PÉREZ GARZÓN, Juan Sisinio (2021): »Datos necesarios para la memoria histórica«, in: El País, 31. Oktober 2021, 13.

PÉREZ GUIRAO, Francisco Javier (2019): »Las exhumaciones actuales de fosas comunes de la violencia de retaguardia del golpe militar de 1936 como forma de conocimiento del tiempo presente«, in: Historia Actual Online, 49 (1), 129–138.

PICHLER, Georg (2005): »Der Alcázar von Toledo – die Schaffung eines Mythos«, in: Bettina Bannasch/Christiane Holm (Hgg.): Erinnern und Erzählen. Der Spanische Bürgerkrieg in der deutschen und spanischen Literatur und in den Bildmedien. Tübingen: Gunter Narr, 161–176.

PONCE ALBERCA, Julio/RUIZ CARNICER, Miguel Angel (2021): El pasado siempre vuelve. Historia y políticas de memoria pública. Zaragoza: Prensas universitarias.

PRADERA, Javier (2007): »Justicia retroactiva«, in: El País, 29. April 2007, 12.

REIG TAPIA, Alberto (1986): Ideología e historia. Sobre la represión franquista y la guerra civil. Madrid: Akal.

RESINA, Joan Ramón (Hg.) (2000): Disremembering the Dictatorship. The Politics of Memory in the Spanish Transition to Democracy. Amsterdam: Rodopi.

RIEFF, David (2016): In Praise of Forgetting. Historical Memory and its Ironies. Yale University Press.

RODRIGO, Javier (2004): »Los mitos de la derecha historiográfica. Sobre la memoria de la guerra civil y el revisionismo a la española«, in: Historia del presente 3, 185–195

RUIZ TORRES, Pedro (2007): »Los discursos de la memoria histórica en España«, in: Dossier monográfico de Hispania Nova. Revista de Historia Contemporánea, 7, 305–334. http://hispanianova.rediris.es.

SÁNCHEZ-BIOSCA, Vicente (Hg.) (2000): »La imagen del Alcázar en la mitología franquista«, in: Archivos de la Filmoteca, 35, Valencia: Generalitat, 46–156.

SANTOS, Félix (2019): »¿A veces el coraje no tiene recompensa?«, in: El País, 28. März 2019, 11.

SERRANO, Rodolfo / SERRANO, Daniel (2002): Toda España era una cárcel. Madrid: Aguilar.

SILVA, Emilio (2005): Las fosas de Franco. Crónica de un desagravio. Madrid: Temas de Hoy.

SUBIRATS, Eduardo (Hg.) (2002): Intransiciones. Crítica de la cultura española. Madrid: Biblioteca Nueva.

SUEIRO, Daniel (1983): El Valle de los Caídos. Los secretos de la cripta franquista. Barcelona: Argos Vergara.

TAMARIT SUMALLA, Josep M. (2013): Historical Memory and Criminal Justice in Spain. A Case of Late Transitional Justice. Cambridge: Intersentia.

TORRES, Rafael (2002): Víctimas de la Victoria. Madrid: Oberon.

TRANCHE, Rafael R. / SÁNCHEZ-BIOSCA, Vicente (2002): NO-DO. El Tiempo y la Memoria. Madrid: Cátedra.

VIDAL, César (2003): Checas de Madrid: las cárceles republicanas al descubierto. Barcelona: Belacqua / Carroggio.

VILARÓS, Teresa M. (1998): El mono del desencanto. Madrid: Siglo XXI.

VINYES, Ricard (Hg.) (2018): Diccionario de la memoria colectiva. Madrid: Gedisa

WELZER, Harald (2004): »Gedächtnis und Erinnerung«, in: Friedrich Jaeger/Jörn Rüsen (Hgg.): Handbuch der Kulturwissenschaften. Bd. 3: Themen und Tendenzen. Stuttgart: J.B. Metzler, 155–173.

BÜRGERKRIEG IN POLITIK UND GESELLSCHAFT

Walther L. Bernecker / Sören Brinkmann

Kampf der Erinnerungen

Der Spanische Bürgerkrieg in Politik und Gesellschaft 1936–2010

391 S. | zahlr. Abb. | 21,50 Euro | ISBN 978-3-939045-16-8

Spanien stellte viele Jahre einen Sonderfall unter den Ländern dar, denen erst in jüngerer Zeit der Übergang von der Diktatur zur Demokratie gelang. Hier schien sich die »Transition«, die Ablösung von den politischen Formen des Franco-Regimes, lange ohne eine öffentliche Auseinandersetzung über die Gewalt der Franco-Diktatur zu vollziehen. Ab der Jahrtausendwende gab es jedoch einen wahrhaften Erinnerungsboom, der sich in Forschung, Literatur und Massenmedien ebenso wie in der von zahlreichen Bürgerinitiativen betriebenen Suche nach den bis zu 30.000 »Verschwundenen« des Bürgerkrieges niederschlug. Das Buch spannt den Bogen der Erinnerungsgeschichte von den 1930er-Jahren bis in die Anfänge der 2000er-Jahre. Es beschreibt die propagandistische Ausschlachtung der Vergangenheit unter Franco, deren bewusstes Beschweigen im Übergang zur Demokratie sowie das Entstehen einer zivilgesellschaftlichen Erinnerungsbewegung seit Ende der 1990er-Jahre.

»Die Autoren verbinden die Geschichte des Bürgerkriegs und ihrer Wirkungsgeschichte bis in die Gegenwart. Das Buch lebt von seiner Sensibilität für kulturgeschichtliche Fragen […] Bernecker und Brinkmann haben ein, auch ungewöhnlich spannend bebildertes, Buch geschrieben, das auch dem empfohlen werden kann, dessen nächste Reise nach Spanien führt.«
Süddeutsche Zeitung

www.graswurzel.net

ANARCHISMUS UND BÜRGERKRIEG

Walther L. Bernecker

Anarchismus und Bürgerkrieg

Zur Geschichte der Sozialen Revolution in Spanien 1936–1939

Mit einem aktuellen Vorwort versehene Neuauflage

390 S. | 24,80 Euro | ISBN 978-3-939045-03-9

Die Soziale Revolution bleibt bei der Erinnerung an den Spanischen Bürgerkrieg in der Regel unerwähnt. In dieser Studie werden auf der Basis eines breit gefächerten Quellenmaterials die Kollektivierungen im Landwirtschaftssektor, in der Industrie und in den Dienstleistungsunternehmen ebenso analysiert wie die Träger des »freiheitlichen Kommunismus«, deren Gegner und der Stellenwert beider in den republikanischen Koalitionen. Die Verlaufs- und Strukturanalyse markiert problemgeschichtlich Erscheinungsformen und Mängel, Ausbreitung und Durchsetzung, Niedergang und Ende des anarchistischen Versuchs einer partizipatorischen Demokratisierung von Wirtschaft und Gesellschaft im Spanien der Bürgerkriegszeit.

»Die Studie wird zu einem Standardwerk über die Strukturen, Prozesse, Hindernisse und möglichen Ergebnisse der anarchosyndikalistischen Revolution in Spanien werden.«
The American Historical Review

»Die Studie ist auf einem bemerkenswert dichten Quellenmaterial erstellt worden. Trotz der emotionsgeladenen Thematik läßt Bernecker sich nicht zu voreiligen Schlüssen verleiten, wie überhaupt die Differenzierfähigkeit seine Stärke ist. Die Ergebnisse, die er vorlegt, klingen plausibel.«
Frankfurter Allgemeine Zeitung

www.graswurzel.net

ERINNERUNGSKULTUREN UND ARBEITERBEWEGUNG

Alexandre Froidevaux

Gegengeschichten oder Versöhnung?

Erinnerungskulturen und Geschichte der spanischen Arbeiterbewegung vom Bürgerkrieg bis zur »Transición« (1936–1982)

600 S. | 28,90 Euro | ISBN 978-3-939045-25-0

Soziale Revolution versus Konterrevolution, antifaschistischer Kampf, Unabhängigkeitskrieg – vielfältig waren die Geschichtsbilder, die sich die verschiedenen Strömungen der spanischen Arbeiterbewegung vom Bürgerkrieg (1936–1939) machten. Die Erinnerungen an die Ereignisse jener Jahre (soziale Revolution, Kriegshandlungen, franquistische Repression) prägten das Selbstverständnis der anarchistischen, sozialistischen und kommunistischen AktivistInnen und ihrer Organisationen in den Jahrzehnten danach. Die innerlinken Kämpfe der Bürgerkriegszeit belasteten jedoch den Widerstand gegen die Franco-Diktatur (1939–1975). Alexandre Froidevaux legt nach jahrelanger Forschung erstmals eine übergreifende Erinnerungsgeschichte der spanischen Arbeiterbewegung vor: ausgehend vom Bürgerkrieg über die Zeit des Franquismus bis hin zur »Transición« (1975–1982), der Zeit des Übergangs zur Demokratie. Er analysiert geschichtspolitische Debatten, die linken Opfererinnerungen, wie die Linken durch Rückbezug auf die Vergangenheit politische Identitäten ausbildeten und wie sich diese wandelten. Das Buch ist auch eine politische Geschichte der spanischen Linken von 1936 bis 1982. Der Autor stellt die wichtigsten Diskussionen und Entwicklungen des Antifranquismus dar. Er beschreibt das Zustandekommen der politischen Kompromisse der »Transición«, ohne die das heutige Spanien nicht zu verstehen ist.

www.graswurzel.net

ARBEITERKÄMPFE
IN BARCELONA

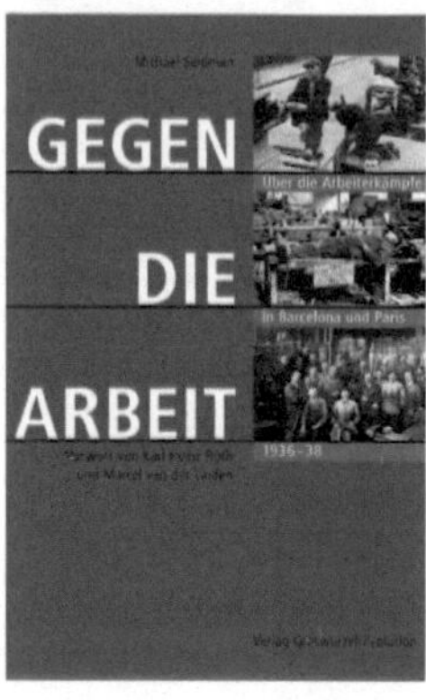

Michael Seidman

Gegen die Arbeit

Über die Arbeiterkämpfe in Barcelona und Paris 1936–1938

Mit einem Vorwort von Karl Heinz Roth und Marcel van der Linden

477 S. | 24,90 Euro | ISBN 978-3-939045-17-5

Michael Seidman hat Arbeitsverweigerungen während der Spanischen Revolution in Barcelona und der Fabrikbesetzungen in Paris zwischen 1936 und 1938 untersucht. Er hat herausgefunden, dass ArbeiterInnen unter Revolution keineswegs verstanden, aus Begeisterung mehr zu arbeiten, sondern vielmehr weniger oder gar nicht. Eine brisante Studie gegen die produktivistische Gesellschaftsutopie.

»›Gegen die Arbeit‹ enthält eine Fülle von interessantem Material. Das Buch behandelt eine Schlüsselepoche der linken Geschichte und stellt Fragen, die wieder hochaktuell sind.«
Wildcat, Fühjahr 2012

»Das Buch ist ein Stück wichtige Arbeitergeschichtsschreibung, die ansonsten ignoriert und vernachlässigt wird.«
Peter Nowak in: Neues Deutschland, 13.1.2012

»DEUTSCHE ANARCHOSYNDIKALISTEN« IN BARCELONA

D. Nelles, U. Linse, H. Piotrowski, C. García

Deutsche AntifaschistInnen in Barcelona 1933–1939

Die Gruppe »Deutsche Anarchosyndikalisten« (DAS)

425 S. | zahlr. Abb. | 24,90 Euro
ISBN 978-3-939045-22-9

Am 19. Juli 1936 trat eine kleine Gruppe deutscher EmigrantInnen in Barcelona ins Rampenlicht der politischen Öffentlichkeit. An der Seite ihrer spanischen GenossInnen kämpften Mitglieder der Gruppe »Deutsche Anarchosyndikalisten im Ausland« (DAS) gegen deutsche Nationalsozialisten, die sich den putschenden Militärs unter General Franco angeschlossen hatten. Beim Sturm auf den Deutschen Klub erbeutete die DAS Dokumente, die belegten, dass die gut organisierte Auslandsorganisation der NSDAP in Spanien GegnerInnen des NS-Regimes überwachte und einschüchterte sowie Einfluss nahm auf die spanische Innenpolitik.

Die Aktivitäten der DAS und der deutschen Freiwilligen, die in anarchistischen Milizen kämpften, stehen im Zentrum dieser Arbeit. Das Buch hat einen dreifachen Bezug: Es ist ein Beitrag zum deutschen Exil in Spanien und zum Engagement deutscher Freiwilliger im Spanischen Bürgerkrieg, ein Beitrag zur Geschichte des internationalen Anarchosyndikalismus in der Zwischenkriegszeit und ein Beitrag zur Geschichte der Spanischen Revolution.